세월 소곱 길의 유화
그 계절, 그 봄날, 그리멍, 걸으멍

발 행 | 2025년 10월 20일
저 자 | 이영렬

펴낸이 | 차영민
편 집 | 종이비행기
펴낸곳 | 동네문학

출판사등록 | 2023.06.01(제2023-38호)
전자우편 | dongne0601@naver.com
ISBN | 979-11-93846-48-3

ⓒ 2025, 이영렬

본 책은 저작자의 지적 재산으로서 무단 전재와 복제를 금합니다.

세월 소곱 길의 유화

그 계절, 그 봄날, 그리멍, 걸으멍

📖 동네문학

작가의 말

"어디 가맨?"
제가 나고 자란 제주에서 자주 나누는 인사말입니다. 거친 바다를 삶의 터전으로 삼았던 서로의 무사 귀환을 바라는 간절한 마음을 인사말로 녹여냈습니다.

 척박한 환경 속에서도 서로를 보듬었던 제주 사람들의 그 마음은, 이 책의 깊은 뿌리가 된 부모님 세대가 온몸으로 겪어내셨던 한국전쟁과 4·3이라는 비극의 역사 속에서도 꺾이지 않았던 강인한 생명력과 맞닿아 있습니다.

 잊혀서는 안 될 과거의 아픔을 마주하고, 현재의 삶과 어떻게 이어져 왔으며, 앞으로 어떤 의미로 피어날 수 있을지를 조심스럽게 그려보았습니다.

또한, 오늘을 살아가는 우리들의 소소한 일상 속 작은 기쁨과 슬픔, 그리고 변함없이 아름다운 제주의 자연이 건네는 위안 또한 소중하게 담았습니다.

　오랜 시간이 흐른 뒤에야 비로소 부모님의 고된 삶 자체가 한 편의 시였고, 한 폭의 그림이었다는 것을 깨달았습니다.

　글로 다 전할 수 없는 깊은 감정과 순간의 아름다움은 이야기가 담긴 그림에 오롯이 담아내고자 했습니다.

　제주의 역사와 자연이 함께 빚어낸 시간의 품 안에서 잠시 머물며, 그 길 위에서 만나는 다양한 삶의 모습들에 깊이 공감하고 따뜻한 위로를 받으셨으면 좋겠습니다.

　유화처럼 겹겹이 쌓이고 스며든 색채들이, 세월의 흔적과 따스한 봄날의 감성을 동시에 전해드릴 수 있기를 바랍니다.

작가의 말················4

I. 숨; 제주의 숨결

할머니의 자가용 유모차················14

거스를 수 없는 인생················17

용천수가 솟아나는 고향의 품················19

먹이를 찾아 바당길을 거슬러················23

숲의 기운은 발바닥을 타고················26

가을 면사포················30

동백이 흐드러진 마을 길에서················33

수국처럼 폭식한 송당 마을 길················35

그와 나의 섶섬················40

삼매봉 시인················43

동네 할망들은 외롭지 않아················45

소녀의 눈물을 닦아준 바당················49

동쪽 세화를 데리고 애월로················53

섬 속의 섬, 우도에서의 새해 맞이················56

귤과 키위의 성장················60

살암시민 살아진다················64

시간의 밀어················66

II. 섬; 기억의 흔적

그의 향기는 상사화로 피어나·········70

신례리, 실례합니다·········75

잃어버린 미소··················77

고요한 통곡의 길, '물질'··················81

할망과 어멍의 땅·················85

조와 당신·····················88

잃어버린 마을 곤을동··················91

무명천 할머니, 이제 좀 쉬세요··················93

역사 문화의 동심원················96

금성교회, 백년의 숨결·····················99

청춘이 반짝이는 숲을 걷는다··················104

가을 퇴근길, 관탈섬에서··················109

III. 쉼; 삶의 빛깔

맨발로 가는 봄날을 밟다 (1)·····················112

맨발로 가는 봄날을 밟다 (2)·····················116

절에서 찾은 봄························117

저 산 저 멀리 저 언덕에는·····················119

단풍은 꽃처럼·····················123

철새들아, 어디 가맨?·····················124

노을 레드카펫을 즈려밟다·····················126

이호, 그 밤의 빛깔·····················130

아버지와 산타할아버지·····················134

함께 빛나라, 이팔청춘·····················137

못다 한 말·····················143

Author's Note······················145

Grandmother's Stroller························147

My Hometown, Where Spring Water Gushes forth
····························150

Swimming against the Current in Search of Something to Eat·····················155

His and My 'Seop-seom' Island··························158

The Sea Wiped away the Girl's Tears·······················161

The Growth of Tangerines and Kiwis······················164

His Scent Blooms Like a 'Lovesick Lily'·······················168

The Land of Grandmothers and Mothers··················172

Millet and You··············177

'The Breath of a Century',
Geumseong Church······················181

Spring Found at the Temple·······················185

Treading on the Sunset Red Carpet························187

Yiho, The Color of That Night······················190

Unfinished Words·····················193

세월 소곱[속안] 길

I. 숨; 제주의 숨결

할머니의 자가용 유모차

. . .

 귀덕리 이름 모를 노부부의 집을 캔버스에 담았다. 나의 어린 시절 추억이 깃든 곳, 몇 만 년 전 선조들의 삶의 터전이 었을지도 모를 모래땅 위에 나란히 올려진 집 세 채의 추억, 복숭아꽃 휘날리던 그 당시 봄날을 떠올리며 스케치하고 연분홍과 초록으로 채색하였다.

 어둠이 깔리며 유난히 하얀 창호지 문에 새색시 볼에 연지 같은 주황 황혼이 붓질 한 자락으로 따뜻하게 피어났다.

 할머니가 걸을 때 기대고 다니는 유모차가 마당에 주차되어 있고, 세숫대야가 툇마루에 놓여 있는 것으로 보아 불편한 할아버지를 위해 집안에서 저녁 식사를 준비하시는 듯하였다.

 기억 속 고향 집 뒤뜰에 연분홍, 진분홍 경쟁하며 화사하게 피어나던 복숭아꽃을 할머니 집 마당 왼편에 드리워서 어스름 진한 황혼의 그림자를 희석해 보았다.

 복사꽃 자락이 돌담에 길게 떨어지고 주황 노을은 오른쪽 1)정지 벽에 착색하는데, 이른 봄 연초록 어린 생명들은 또 다른 봄의 도착에 대하여 마당에 가르마를 타는 작은 바람으로 속삭였다.

"곧 봄이야."

황혼이 지나간 자리가 분홍빛으로 물드는 새봄, 흥미롭고 매력 넘치는 그림과 이야기의 소재인 사람과 인생도 함께 물들어간다.

저 창문 안의 노부부가 평안한 저녁 시간을 보내고 계시기를 바란다.

---

1) '부엌'의 제주어

거스를 수 없는 인생

...

거스를 수 없는 인생을 살아내신 귀덕리 할머니의 집을 모작했다.

바람을 거슬러도 진행 방향은 같은 삶, 그것은 나에게도 해당하는 삶이다. 처음에는 낡고 어두운 팽나무 배경의 초가집을 그렸지만, 뒤뜰에 아련하게 피어난 분홍빛 복숭아꽃과 보석 같은 돌담을 지닌 아담한 집 한 채를 할머니께 선물하고자 새롭게 그렸다고 한다.

그림을 완성한 후, 할머니를 찾아가 드리려 했으나, 외출하셨는지, 아니면 하늘의 부르심을 받으셨는지 만날 수 없었다고 한다.

밝고 따사롭게 그려졌지만, 벗겨진 지붕의 페인트 자국은 꿋꿋이 살아낸 할머니의 인생을 머리에 이고 있는 듯하다.

작가의 그림 속 할머니 집이 내 고향과 지척이라서 걸어서 한 바퀴 돌면서 그녀의 삶을 느껴본다.

용천수가 솟아나는 고향의 품

...

 쉬고 싶을 때면 차와 함께 바다로 떠난다. 고향이니까 어딘들 편하지 않을까 하지만 유독 서쪽 바다를 향하여 가는 날이 많다. 등대를 바라보며 뛰놀던 조그만 바다의 품에 안겨 본다.

 작은 나의 바다에서 가장 높은 돌담에 올라가 다이빙 연습하기, "누가 오래 잠수할 수 있는가?" 내기하기, 수영하고 마른 돌담에 엎드려 몸 말리기, 여자목욕탕에서 용천수로 해수 씻어내기 등으로 바쁜 일과를 보내고 나면 배고픔과 어둠이 밀려왔고, 어둠에 밀려 집에 가면서야 비로소 연락 두절로 걱정하던 부모님께 들을 핀잔 걱정이 단계적으로 다가왔다.

 늘 그렇듯 집에 돌아가자마자 날아오는 부모님의 안심 섞인 핀잔은 이 한마디에 모두 함축되어 있곤 했다. "바당 옆집 2) 삼춘네 집에서 밥 안줨?"

 이제는 바닷가와 가장 가까웠던 삼춘이 살던 집은 관광객들을 위한 조그만 식당으로 변모하였고, 그 식당에서 바라볼 수 있는 바다 전망 속으로 여자목욕탕도 흡수되어 버렸다.

---

2) '이웃'을 다정하게 부르는 제주어

추운 겨울날 어머니와 언 손을 호호 불며 김칫거리를 씻으러 갔었고, 동네 사람들이 3)'막개'를 두드리며 수다를 펼치던 용천수와 수도 시설이 없던 국민학교 시절, 그 물을 '허벅'에 길어서 할머니 집 '물팡'에 내려놓던 일들이 추억이 되었다.

지금은 아무도 여탕에서 목욕도 빨래도 하지 않는다. 몇 년 전까지만 해도 여인들의 목욕과 어울림의 장소로 동네 사람들은 존중해 주었지만, 상가 시설이 여탕을 높은 데서 바라보도록 자리 잡은 후에는 아무도 안전성이 보장되지 않는지 오지 않는다.

'남당수' 빨래터

빨래하는 여인들

천천히 발걸음을 돌려 할아버지, 작은아버지, 우리, 집 세 채가 나란히 들어선 모래 위의 언덕을 오른다.

---

3) 빨래용 방망이

사촌들과 공기놀이하던 뒤뜰, '땅따먹기'하던 가상의 경쟁터, '집줄놓기'하던 할아버지 집 마당, 돌로 지어져서 사람보다 더 좋은 집, 4)쇠막에 살았던 소의 끔뻑이던 눈, 할머니가 손수 만들어 주던 손 두부와 고구마 밥, 할아버지와 화롯가에서 나누던 대화, 하루도 빠짐없이 놀러 오셨던 뒷집 할아버지, '김일 선수'의 박치기 실력부터 '육영수 여사' 서거 날의 뉴스까지 이웃과 공유할 수 있도록 해주었던 낡은 텔레비전 등의 기억을 소환한다.

청록빛 바다의 소금 바람을 구멍 송송 뚫린 돌담 벽 구멍 너머에서 끌어와, 어머니가 심은 노르스름한 초록 잔디 위에 뿌려서 날아가지 않게 꽉 붙들어둔 모래 마당에 서면, 오래된 옛날식 부엌에서 식구들과 밭일 도와주던 인부들을 위해 밥 짓던 따뜻한 연기, 이른 새벽 그날의 계획과 자녀 교육 등에 대해 의논하시던 부모님의 목소리가 말을 건넨다.

앉은 일을 많이 하시며 자녀 교육으로 이어갔던 어머니가 결국 휠체어에 몸을 맡기시게 되니, 그녀의 헌신을 생각하면 참 죄송하다. 부모란 자신을 불태워도 자식 생각에 타는 줄도 모른다.

---

4) '소 우리'의 제주어

어린 시절 운동장이자 꿈의 플랫폼이었던 빈집에 가끔 들러 아무도 돌보지 않는 나뭇잎들을 쓰다듬어보며, 회색빛 돌담과 여전히 부모님의 숨결을 안고 있는 푸른 바다를 바라본다. 부엌에서 나는 웃음소리, 요리하며 이야기 나누는 소리, 사랑스럽고 따뜻한 미소와 속삭임을 듣는다.

"잘 지내지, 내 딸?"

다시는 돌아올 수 없는 날들, 아프도록 그립다.

먹이를 찾아 바당길을 거슬러

...

제주 바당에서는 자리돔과 5)'멜'이 많이 난다. 어린 시절 주요 반찬은 자리조림과 '멜국'이었고, 여름철, 반딧불처럼 반짝이는 비늘을 가진 '멜' 떼가 항구로 몰려올 때면, 마을 사람들은 너나없이 '멜' 잡으러 바다로 나갔다. 방파제 앞에 솥을 걸고 '멜'을 데쳐서 마른 멸치를 만들기도 했다.

"느네 버스에 '멜' 많이 들었쪄이."라고 하면 자리(좌석)가 없이 '멜'만 많아서 손님이 꽉 차 있다."라는 뜻이다. 자리돔은 서부지역 모슬포 자리가 유명한데, 그 맛이 쫀득쫀득하면서도 당찬 것은 거센 물살과 바람에 살아남은 모슬포 출신이기 때문이다.

'돔' 이야기가 나와서 말인데, '옥돔'은 제주 성산포 출신 옥돔을 제일로 알아준다. 임금님 밥상에 올렸다는 전남 법성포 굴비보다 제주 사람들은 옥돔을 제일 생선으로 여겨서 그냥 '생선'이라고 부르기도 하는데, 이는 다른 생선은 생선으로 여기지도 않겠다는 의지가 보일 만큼 옥돔 사랑이 강하다는 말이다.

---

5) '멸치'의 제주어, 주로 큰 멸치

제주로 시집온 며느리가 명실상부한 제주 며느리로 인정받는 최종 과정은 옥돔 미역국의 비린내를 이겨내고 맛있게 먹을 수 있는가에 달려있다.

성산포와 모슬포는 제주의 동, 서를 포갠다면 만날 법한 뾰족한 지역이다. 사람이나 생선이나 모두 거센 환경에 적응하고 이겨내면 진국이 된다는 믿음이 든다.

"너는 6)보재기 집에 시집가라이."라고 하시며 부모님은 나의 생선 사랑을 미래의 배필과 연결하면서 놀리셨다. 그때 이미 나는 제주 며느리 인증서를 받은 셈이다.

아버지께서 돌아가시기 직전, 입맛이 없어져서 좋아하시던 '자리물회'를 사드렸던 기억이 난다. 그러나 당신이 자식들을 위해 거친 가시를 다지고, 진한 된장과 마늘 향기로 비린내를 재우며, 만들어 주셨던 그 '자리물회'의 맛과는 차이가 나는지 다 드시지 못하고 남기셨다.

싱싱한 자리돔이 펄떡이는 5월이면 고향 항구에서 자식들 먹잇감을 안고 돌아오던 그 큰 가슴이 그립다.

"아버지, 해마다 오월이면 당신의 비법으로 비벼낸 '자리물회'를 시원하게 대접해 드리고 싶네요."

---

6) '잠수부'의 방언

바다의 '멜'들과 조우했던 자리, 현재의 '금성 Bridge' 카페에서 당시의 어머니를 회상하며 커피 한 잔

숲의 기운은 발바닥을 타고

...

'지계의 길'7)을 걸었다. 하루에 최소한 오천 보, 원대하게는 만 보를 걷기 위해 선택한 것이다. 산천단과 구암굴사로 이어지는 이 길, 먼저 눈에 들어오는 것은 월동을 준비하는 생명들이었다. 날씨가 쌀쌀해진 영향일까? 방송을 틀었다. 행여나 철없는 어떤 녀석이 내가 걷는 길에서 갈 길을 몰라 헤맬까 봐. 그들은 서로의 소리를 들으면 스스로 길을 비켜준다고 한다.

감미로운 바이올린 연주가 녀석들의 일요일 늦은 아침을 깨우고, 피아노 연주와 아나운서의 토닥토닥 음성도 함께 들었다.

초가을 쌀쌀한 바람이 시간 여유가 없는 듯 쌩 불어 지나쳐 가는 소산오름, 밤송이들은 스스로 갈무리하며 내년을 위한 땅의 거름으로 돌아가고, 햇빛을 머금은 여린 연초록 이파리들은 꽃처럼 반짝이며 가는 여름을 아쉬워했다.

옆 지기 나무의 그림자를 피부에 드리우니 대나무도 되고

---

7) 제주 '관음정사'에서 출발하여 수려한 자연을 배경으로 월정사, 구암굴사, 소산오름, 관음사 등 마을길, 물길, 숲길을 지나 한라산을 향해 걷는 길

자작나무도 된다. 햇빛이 반짝일 때만 만날 수 있는 변화하는 자신, 대나무를 만나면 댓잎이, 전나무를 만나면 바늘잎이 되어, 서로를 찌르지 않고 자신을 감싸준다. 봄에는 봄빛을, 가을에는 가을빛을 감싸 안은 따스한 바람이 된다.

 땅과 나무, 7년을 기다린 만큼 가열 차게 울어대는 매미들의 합창, 그들의 솔직한 색감과 생명력을 피톤치드 기운을 타면서 오롯이 감상하는 시간, 땅의 기운은 발바닥을 타고 마음으로 스며들었다. 그들이 향하는 곳으로 발을 뻗어보았다.

 독서도 하고 그림도 그리다가 은하수처럼 햇빛 반짝이는 산천단 길을 향했다. 뒤쪽에 날개처럼 환호하는 프릴, 옆으로 타올라 예술가의 드리운 옷자락 같은 프릴, 땅에다 속삭이며 원, 삼각형, 별 모양으로 반짝이는 프릴 바닥을 밟아보았다.

 수국은 짙은 이파리보다는 조금 높은 채도의 꽃을 피워내며 자신이 꽃임을 수줍게 드러냈다. 외로운 여름 산길에 색깔별로 '수국수국' 다가와 내 마음에도 수북이 피어났다.

 초록 습기를 머금어 더욱 푸르른 날, 산바람이 차가웠다.

다른 존재의 그림자가 자신이 되다

아내는 남편의 무릎을, 남편은 아내의 무릎을 베고 뻥 뚫린 하늘을 바라보며 누웠던 평상은 낙엽 이불을 덮고 쉬고 있었다. 문득, 여름에 만났던 그 녀석도 땅속에서 쉬고 있는지 궁금해졌다.

맨발로 걷는 땅이 겨울의 온도를 밟게 해주었다. 그 말 없는 냉정함으로 세월의 흐름을 알려주며, 세 번째 스물을 맞는 초겨울의 문턱에서 말없이 이부자리를 개놓았다. 출렁이는 파도를 넘었던 기억도, 살랑이는 바람의 노래를 함께 속삭였던 기억도 땅의 온도가 알려주는 세월의 무정함에 백기를 들고 옆을 스쳐 갔다.

숲의 피톤치드는 대략 오후 3시 정도까지 뿜어준다고 해서 늦은 오후 하산했다.

가을 면사포

...

 지난해 가을이 다 갈 무렵, 아무도 돌보지 않는 옆집 할머니의 담장에 갈무리되지 않은 호박이 넝쿨째 열렸지만, 아무도 관심이 없어, 담에 붙어 시들기 일보 직전이었다.

 옆집 할머니는 102살을 넘기시면서 돌아가셨지만, 끈질긴 담쟁이는 호박과 사이좋은 이웃으로 질기게 담벼락에 달라붙어 어두운 돌담에 빨간 점을 찍어준다. '석벽점정'이라고나 할까?

 이번 그림의 꽃은 시들기 일보 직전의 호박들이었다. 담쟁이들을 어떻게 호박에 어우러지게 그리느냐가 숙제였다.
 그런데, 그림의 주인공은 나중에 나타났다. 그 허름한 지붕 위 다 떨어져 가는 낙엽에 생명을 불어넣는 붓놀림, 곱게 단장한 신부에게 입힌 '신부점정', 면사포처럼 사뿐히 드리워진 춤추는 잎새가 그것이었다.

 눕혔다, 세워지고, 다시 휘돌아 안으로 감기는 승무와도 같이 딱딱한 돌부처를 춤추는 신부로 만들어내는 예술, 가슴에서 솟아나는 감동의 물방울들로 연주하는 무한 몰입의 세계가 그림으로 펼쳐졌다.

"실처럼 가느다랗게 이어가는 마른 호박 줄, 어느 곳으로 다시 이어질까?"

동백이 흐드러진 마을길에서

. . .

동백이 흐드러지게 진다.
속살을 드러낸 몸체는 가는 분신들이 아쉬워 멀리 보내지 못하고 바닥에 끌어안는다.

그 기나긴 겨울도 함께 했는데, 이제 드디어 꽃 피는 봄이 왔는데, 봄은 목련꽃을 싹틔우며 가는 동백꽃을 사뿐히 밟는다.

돌담 사이사이에서 숨바꼭질하는 붉은 분신들이 하얗게 웃는다. 아직은 삼천궁녀처럼 땅으로 직행하며 스스로 떨어지고 싶지 않은 모양이다.

강풍에 강제로 하강한 동백과 시린 봄기운이 마을길에 흐르고 덕분에 꽃단장 한 길에서 나도 흐른다.

수국처럼 폭신한 송당 마을 길

...

불볕더위가 쏟아지던 지난여름 어느 날, 교수님께서 송당리로 스케치 수업을 가자고 해서 "사진 찍어당 그리믄 안 됩니까?"라고 내심 귀찮아서 여쭤보았다.

삼십 년 이상 그림에 전념하신 교수님의 답변은 역시나 그의 철학이 담긴 명언이었다. 사진을 찍어서 그림을 그리면 카메라의 외눈으로 작은 세상을 바라보지만, 스케치는 인간의 두 눈으로 대상을 바라보고, 보다 큰 3차원 세상을 기억해서 그림으로 표현할 수 있다는 전문가다운 조언을 하셨다.

생각해 보니, 당시의 분위기와 향기까지도 그림에 녹여낼 수 있는 방법이 스케치인 듯하다.

사실 사진처럼 똑같이 그려내는 것은 그다지 흥미로운 작업은 아니다. 시선을 어디에 두는가, 화폭을 옆으로 펼치는가, 길이로 펼치는가에 따라 그림의 여운이 달라진다. 교수님의 스케치북을 보니 너덜너덜한 스케치 인생이 한 권에 담겨있었다. 스케치한 후, 또다시 다른 화폭에 옮겨 그린다고 한다. 세밀하고도 귀찮은 작업이 그림이지만, 사람들의 삶을 옮기는 일은 매우 흥미로운 일이다.

동네 어귀마다 모락모락 피어난 수국은 풍성한 송당리의 여름을 수놓은 주인공이었다. 수국이 없는 집은 이제야 송당리로 이사 온 집처럼 낯설었다. 참여한 수강생 모두가 비슷한 위치에 자리 잡고 같은 풍경을 스케치했다. 그러나 각자의 구도와 소실점은 달랐다.

"아, 이래서 일부러 스케치하러 다니는구나."

재작년 여름, '산타할머니'가 되어 집집으로 선물 배달을 다닌 적이 있다.

그림을 그리고 싶지만, 도구가 없거나, 책을 읽고 싶지만, 맘껏 채워줄 책이 없거나, 코로나19를 지나며 마스크를 살 수 있을 만큼 넉넉지 않았던 아이들을 위해 계단이 가파른 산동네에도, 방앗간 옆 어느 단칸방에서도, 인가와 멀리 떨어진 숲속 작은집에도 꿈을 지원하는 산타가 찾아갔다. 산타도 저절로 힘이 났었다.

자연이 모두에게 공평하듯, 아이들에게도 공평했으면 하면서 바라본 맑고 푸르렀던 송당 하늘이 생각났다. 꿈을 펼치다 잃어버리는 일이 없기를 간절히 바라면서 돌아왔던 그곳에 대한 스케치라서, 그 향기까지 녹여내고 싶었는지도 모른다.

밭에 일하시러 가는 분들께는 죄송하기도 했지만, "그림 그렴구나예?"라며 보여준 행인들의 관심은 조용한 시골 마을에서 예술의 향기를 피워내게 했다.

골목 끝에 자리한 집을 그림의 소실점으로 두고 앞쪽으로 펼쳐오는데, 나의 어린 시절에나 보았음 직한 순하고 시골스러운 강아지가 인사를 건넸다. 얼른 스케치 화면 안으로 넣으려 하는데 어느결에 사라져 버렸다.

동네 풍경이 살아나기 위해 나무 이외에 몇 가지 더 생명체를 넣으려던 나의 계획은 아쉬움을 남기며 빠르게 수정되었다. 참 좋은 모델이었는데 그에게 몇 분만 포즈를 취해 주기를 부탁하기는 어려웠다.

고즈넉한 송당리의 정오를 흑백 화면에 담아 와서, 흐드러진 꽃들의 향연을 그림에 옮겨보고자 했던 당시 시간의 향기를 꺼내 본다. 아무래도 사진보다는 더 진한 서정이 그림 속으로 흡수되지 않을까? 꽃분홍으로 빛나는 저 수국의 열정에 얼른 색을 입혀야겠다.

송당리 수국 길　　　　　송당리의 오후

그와 나의 섶섬

...

　서귀포는 정글 속 푸른 나무 덩굴이 신비롭게 포장하여 습한 목욕탕처럼 범접하기 힘들지만, 일단 진입하면 벌거벗은 동심으로 돌아가게 하는 아늑한 포구다.

　서귀포 온도가 제주시보다 조금 높아서 그런지 사람들도 좀 더 느긋하게 보인다. 가끔 찾는 서귀포는 내 마음을 한가하게 만들어 주고, 걸음걸음 천천히 다니게 된다.

　몇 년 전, 화가 이중섭의 '섶섬' 그림이 탄생 된 자리, '이중섭미술관' 옥상에서 '섶섬' 사진을 찍었다. 숲이 우거졌다고 '숲섬'이라고 불리다가 '섶섬'이 되었다고 하는데, 제주어로 본다면 숲이라기보다 이파리라 생각할 수도 있겠다. 제주어로 '낭썹(섶)'은 '나무이파리'를 말하니까.

　나는 어쩐지 제주와 소박한 삶의 인연을 맺은 이중섭의 그림이 좋다. 특히, 그림 도구기 없이시 담배 포장지 뒷면을 활용한 그의 '은지화'를 좋아한다. 그림 속 가족의 끈끈함과 소박함이 나의 유년 시절을 회상하게 만들기 때문에 그런지도 모르겠다.

화가의 예술혼이 깃든 이중섭 박물관과 생가 방문은 어떻게 해서라도 그와의 연결고리를 만들어냈고, 결국 같은 자리에서 그 당시 섶섬을 바라보던 화가의 시선을 나만의 '섶섬'에 감히 포함하게 되었다.

'그와 나의 섶섬'을 통하여 나는 시대를 초월한 공존과 연결을 끌어내고, 미래의 섶섬을 상상해 보고자 한다.

새들이 섬 머리에 하얗게 배설한 생명의 흔적과 조용한 서귀포 바다에 일렁이는 하얀 포말을 품은 '섶섬'에게 말을 건다.

"그때는 어땠어?"

삼매봉 시인

...

  삼매봉은 제주에서뿐만 아니라 세계 제일의 경관을 자랑하는 아름다운 곳이다. 또한, 제주 올레 코스 중에서 제일 높은 지점으로 전설과 역사와 경관이 어우러진 곳이다. 아래로는 서귀포항, 앞쪽(南)에는 '새섬', 동쪽으로는 '제지기' 오름과 '섶섬', 서쪽은 '범섬'이 보인다. 1970년대 초, 서귀포와 부산 간 여객선이 서귀포 항구로 입·출항하면서 제일 처음으로 보였던 곳이 삼매봉이다.

  우연히 삼매봉 정상에서 한라산을 바라보며 대금 연주 운치를 즐기시는 분을 만났다. '김정희', '정온' 등 삼매봉에서 바라본 '노인성' 별을 한시로 노래한 옛 시인들의 자취와 더불어 홀연히 나타난 우리 가락까지 한라산 품 자락에서 마주하니, 선인들의 여유와 운치가 내 것인 듯하였다.

  참 오랜만에 포근한 서귀포 품에서 윤슬이 반짝이는 바다를 오랫동안 바라보았다.

  제주다운 제주에서 옛 시인들의 노래를 듣고, 우연히 대금 연주로 두 배의 행복을 제공해 주신 제주 시민께 감사드린다.

'남성정', 조선시대 남쪽의 별을 보던 곳

동네 할망들은 외롭지 않아

...

 꼬불꼬불 오래가는 아줌마 파마, 어두운 빨강에 보라색을 더한 알록달록한 셔츠, 비슷한 색깔의 '몸뻬'[8], 보라색 고무

---
8) 여성들이 쉽게 통으로 입을 수 있는 고무줄 바지

슬리퍼로 마무리한 동네 아낙네들은 뒤에서 보면 모두 "나의 어머니인가?"라는 착각이 들 정도다,

  모두의 패션이 비슷한 이유는 일단 싼 옷을 오일장 같은 곳에서 구매하고 나서 옆집 삼춘에게 자랑하면 "아이고~ 어디서 그치룩 싸고 훌륭헌 옷을 삽디강?"하며 너도나도 뒤질세라 같은 옷을 오백 원 더 깎아서 "누게 어멍보다 훨씬 싸게 샀다."고 흡족해하는 문화에도 있을 것이다.
  또한 '놈이대동' 문화, 즉 남보다 다르면 마음이 불편한 문화의 영향이 있을지도 모른다.

  자녀들을 외지로 훌륭히 키워 보내고 나서, 이상하게도, 단명하는 남자들에 비해 수명이 긴 편인 우리 여자 '삼춘'들은 혼자 남은 집을 지키며 사는 경우가 많다 보니, 평소보다 뭔가 조금 다른 기운을 느끼면 바로 남은 할머니들끼리 의지하려고 한다.

  어떤 이웃 할머니는 집 근처 과수원에 일하러 온 A할머니의 아들과 손주가 점심을 먹다가 서둘러 떠난 흔적을 보고 "아이고, 옆집 할망 돌아갔구나."라는 생각에 그 앞집 사는 B할망에게 가서 "A할망 돌아간 거 닮은디."하면서 바로 부조금 찾으러 은행으로 달려간다. 요새는 간단히 입금하는 문화지만 할머니들의 삶의 방법은 쉽사리 바꿔지 않는다.

돌아가시지도 않은 동네 할머니에 관한 이야기를 이렇게까지 전개 시켜 놓은 묘한 시골 문화는 어쩌면 현대와 고전을 사이에 두고 급격히 변화하는 세상의 단면을 보여주는 것인지도 모르겠다.

일제강점기에 일본으로 징용 끌려가서 시신을 찾지 못하고 빈 묘를 만들어 놓은 시조부님 제사를 시조모님 제삿날에 함께 모시기로 한 첫날, 숯불에 묵적과 옥돔 굽는 것까지 마치고 근처 일출봉까지 포함하여 동네를 한 바퀴 둘러보았다. 미세먼지로 싸인 일출봉이 더 멀리, 신비롭게 보였다.

신양리 '섭지코지'9) 바닷가를 지나다 보니 옥빛과 은빛으로 빛나는 물고기 두 마리 중 한 마리는 물속을 활보하고 있었고, 다른 한 마리는 뭔가 불편한지 다른 물웅덩이로 건너가기 위해 혼자 힘으로는 너무나 높은 돌담 장벽을 뚫어보려고 돌이끼에 머리를 처박고 안간힘을 다해보고 있었다.

그 녀석의 꼬리를 붙들고 옆 웅덩이로 날려 주었더니 '휘리릭'하며 빠른 속도로 돌무더기 사이로 파고들어 사라져 버렸다. 원래 활보하던 녀석은 아랑곳없이 마냥 휘저어 다녔다. "언젠가 밀물이 밀려오면 이들도 합쳐지겠지."

---

9) 바다로 돌출되어 나온 구릉지대로, 해안은 붉은 화산재로 이루어져 있다. 언덕 위로 오르면 유채 꽃밭과 봉수대가 있고, 인근에 성산 일출봉이 있다.

신양리 해수욕장의 썰물 때가 되면 화산 폭발 때 북쪽으로 흘러갔다는 용암이 성산일출봉을 향하여 긴 머리채를 드리운다. 바깥은 빨리 굳어버리고 안쪽은 콸콸 흐르던 용암 물이 구멍 숭숭 웅장한 작품을 빚어놓았다.

고망10) 고망마다 탐색할 내용물이 많은데 이날 미역 따는 삼춘들이 '미역이 미인짝11)' 깔렸다며 엄청 좋아했다. 덕분에 나도 출렁이는 물 근처에서 매일 먹는 미역국의 원산지가 어떤가를 관찰하게 되었는데, 바다의 갈색과 초록을 품은 미역은 말린 상품과는 미묘하게 다른 향기를 풍겼다.

'섭지해녀의집'에서부터 출발하여 자신을 감싸 안은 미세먼지로 인해 아련히 멀어 보이는 일출봉을 뒤로하고 서쪽으로 갈수록 신나는 지질탐사가 펼쳐졌다.

서부영화 '황야의 무법자'의 배경처럼 낮은 언덕과 총알을 막아낼 멋진 방어 암석들이 '빰빰빠빰~' 펼쳐진 신양리 해수욕장에서의 맨발 걷기는 가도 가도 싫증이 나지 않았다.

---

10) '구멍'의 제주어
11) '쭉, 전부'의 제주어

소녀의 눈물을 닦아준 바당

...

'Indian Summer'[12], '가을'이라기엔 너무나 짧아 '갈'이라고 부를 만큼 화창한 가을날에 하도 바다에서 열리는 해녀 문화 공연을 보았다.

멀리 좌측으로는 우도, 우측으로는 성산일출봉을 배경으로 삼삼오오 모여든 군중과 해녀 공연팀은 뭣 모르고 멍석을 깔아준 하도 '진모살'에서 모두가 아이처럼 함께 한바탕 놀았다.

함께한 주제는 해녀의 삶, 꽃다운 소녀가 뭣 모르고 생계를 위해 뛰어든 [13]'바당'은 소녀의 눈물을 닦아주고 함께 웃어주는 엄마가 되었다는 이야기였다.

나는 엄마~다!
나는 해녀~다!

어린 소녀에게 바다가 눈물을 닦아주기까지, 자신의 운명과 친구가 되기까지 그 얼마나 가슴이 아팠을까, 애를 태웠을까?

---

12) (늦가을의) 봄날 같은 화창한 날씨, 평온한 말기의 전성기
13) '바다'의 제주어

두려움을 안고 바닷속 깊이 들어가 '숨비소리'14) 내뿜으며 양식을 손에 쥐고 '불턱'15)에 앉아 안도의 숨을 몇 번이나 쉬어야 바다에게 웃어줄 수 있었을까?

몇 년 전, 스킨 스쿠버 다이빙을 배우려고 연수에 참여했던 기억이 떠올랐다. 깊은 바닷속 생물을 보기 위해 수위가 낮은 수영장에서, 무게가 꽤 나가는 산소통을 메고, 고무 옷을 입은 채, 버디에게 산소를 나눠주는 연습까지 한 후, 깊은 물로 들어오라고 했을 때, 도저히 들어가지 못하고, 집으로 탈출한 일이 있었다.

잠수는 아무리 노력해도 성공하지 못했던 일 중에 하나로, 해녀에게 '숨비소리'가 얼마나 간절한지 조금은 헤아릴 수 있었다.

엄마로서, 가장으로서, Bread Winner가 되어야 했던 제주 여자의 삶을 예술로 승화해 준 분들 참 고마웠다. 소녀가 엄마가 되고, 해녀가 되고, 바다가 되어 눈물과 웃음을 안겨 주었다는 자연과 인간과 역사가 어우러진 아름다운 공연이었다.

---

14) 해녀가 잠수했다가 물에 떠오를 때, 숨을 내뱉는 소리
15) 해녀들이 물질하다 나와서 휴식하는 곳, 가운데에 모닥불을 지펴 몸을 따뜻하게 할 수 있는 공간

돌아오는 길, 하도리 철새도래지에는 올해도 어김없이 다양한 철새 가족들이 잠시 머물고 있었다. 'Indian Summer' 동안 어디로 가는 길일까? 잠시라도 편안했으면 좋겠다.

동쪽 세화를 데리고 애월로

. . .

 지역 상권 살리기 중심으로 수학여행 코스가 만들어져 있는 세화마을을 탐방하였다.

 A팀은 '포랫홈' 앞, B팀은 구좌 청소년문화의집, C팀은 해녀박물관 앞에 집결하여 사장님의 인생 철학을 듣고, 세계의 맛있는 음식도 먹으면서, 마을을 체험하게 되었다.

 우선 '카멜라스'에서는 코코아를 판매하며 '과테말라'를 체험할 수 있도록 하였고, 이곳의 사장님인 '콩장님'께서 전체 프로그램을 구성하고 안내하였다.

 '짜이'는 원래 뜨겁게 마시는 인도 음료다. '카다몸'은 '짜이'에서 가장 중요한 재료이다. 인도에서는 건조된 재료들을 다 빻아서 한꺼번에 넣어 우유를 더한 후 팔팔 끓여서 마신다고 한다.

 '짜이'는 서민들이 마시는 정말 싼 음료다. 더러운 맛에서 진정한 깊은 맛이 나오며 뜨거운 차지만 인도에서는 유리잔이나 토기 잔에 주고 마신 다음 바닥에 던져서 깨트려 버린다. 그렇게 한 번만 살짝 구운 토기를 깨트리면 다시 흙으로 돌아가니, 환경에도 이롭고, 남들과 입을 섞지 않고 온전한 내 몸을 지킬 수 있어서, 카스트 신분제에서도 내 잔에 마시고 바로 버리는 이 방식을 좋아한다고 한다.

 수년 전 인도에 갔을 때, 기차에서 팔던 '짜이' 음료와 기찻길 옆 사람들의 가난이 땀으로 스며들어 짠맛으로 느껴졌다. 그들도 일회용 토기 잔을 사용했을까?

'짜이' 만들기

 태국음식점에서 만난 음식은 '카오팟가이'로, 닭고기(가이)볶음(팟)밥(카오)이라고 해석된다. 순서대로 한다면 '밥에 볶은 닭고기'라고 해야 할 듯하다.

 '제주에서 내 식당 창업하기' 저자의 햄버거에 대한 진심은 책 속에 아주 잘 담겨있었다. 손해를 보더라도 음식 재료만큼은 원칙대로 하고, 환경을 생각하는 마음 또한 멋진 사장님이 제주에 있었다.

세화마을에는 마을공동체가 잘 되어있어 함께 동네 아이들을 돌보고, 문화 공연도 한다. 또한, 옛날식 오일장이 매주 토요일에 열리고, 생활협동조합에서 숙소 겸 카페 운영도 한다.

아이들은 난생처음 서쪽에서 동쪽 마을로 체험학습을 와서 신기해했다. 같은 제주 지역에 살면서도 우리는 서로를 모르는 부분이 많다.

세화도 우리 아이들이 지키고 살아가야 할 지역사회다. 세화를 데리고 우리 마을로 돌아와 어떻게 적용할지, 미래에는 아이들이 어떤 세상을 만들지, 고민하는 아이들의 모습을 그려보았다.

바람이 몹시도 심하게 불었지만, 아이들의 배우려는 열정을 따라 나무나 길이 안내해 주었던 행복한 날이었다.

지역사회를 함께 지켜갈 아이들이 온다기에 선뜻 응해주신 세화 지역 '카멜라스' 콩장님을 비롯한 사장님들께 감사드린다.

우도

섬 속의 섬, 우도에서의 새해맞이

...

처음으로 온 가족이 함께 떠오르는 새해의 태양을 보러 가기로 한 날, 우리는 무척이나 설레었다.

2,000년 밀레니엄이 시작되는 해에 새로운 천년의 새 태양을 맞이하려고 송악산에 갔는데, 그 당시에 초등학교 1학년이었던 아들은 자꾸만 캐물었다. "오늘 태양이 특별한 게 뭐야?" 매일 매일 뜨는 태양을 보러 그렇게 아침 일찍 그곳까지 힘들게 간 이유에 대해 끊임없이 물어보았다.

그때는 막내도 이 세상에 아직 도착하지 않은 상태였는데, 천사의 해에 도착한 막내를 포함한 완전체가 2025년의 태양을 맞이하러 갔기에 오늘은 정말 특별했다.

이번만큼은 집 옥상에서 새해의 태양을 맞이하는 예의 없는 만남은 갖지 말자고 다짐하면서 일찍 잠을 청했다.

해가 뜨는 시간은 아침 7시 38분, 우리는 '용눈이 오름'에서의 일출을 보고 싶었지만, 동쪽으로 흐르는 자동차 행렬은 생각보다 만만치 않았다.

결국, 해가 당도하는 오름으로 시간 맞춰 갈 수 있는 '아부오름'으로 향했다. 떠오르는 태양을 놓치지 않기 위해 오름 초입부터 어둠을 헤치고 전속력으로 뛰어 올라가 그를 기다릴 수 있었다.

해는 어둠 속 산 뒷자락에서 기다렸고, 우리는 반대편 산꼭대기에서 기다렸다. 새벽 어스름 오름 능선의 소나무 바늘을 치고 올라오는 붉은 기운이 가슴으로 전해지며 풍선을 안는 기분으로 느릿느릿 조금씩 떠오르는 해를 둥실 품었다. 그의 숨결이 나를 파고들며 환호가 되어 달려와 시간의 덩어리가 '턱'하고 안겼다.

서로의 가슴에 올해의 포부와 안녕을 빌며, 말하면 이루어지는 데 지장이 있다는 속설을 믿어서인지, 말할 수 없는 소원을 각자의 가슴에 새기고 내려왔다.

너무 일찍 시작한 하루의 나머지를 어디서 보낼까 하다가, 우도로 발걸음을 향하게 되었다.

우도는 섬 속의 섬이다. 어쩌면 본섬보다 더 많은 볼거리를 품고 있는 매력덩어리다. 갈 때마다 버스를 타거나, 걸어 다녔는데, 전기차를 빌려서 타고 다니니, 가고 싶은 곳으로 짧은 시간에 이동할 수 있어서, 섬의 심장과 팔다리를 모두 거쳐서 두뇌에 해당하는 우도 등대까지 단숨에 섭렵할 수 있었다.

이 섬에서는 제일 먼저 봄이 오는 소리가 들리고, 본섬에서 느낄 수 없는 오랜 세월에 걸쳐 쌓인 제주다움이 보인다. 소가 누워있는 것처럼 보인다고 해서 '牛島'라고 한다는데, 소처럼 풍요롭고 여유로운 섬으로 오래오래 살아남았으면 좋겠다.

키위 순 솎기

키위 꽃 수분

귤과 키위의 성장

...

  어떤 녀석은 자신이 뿌리식물이기나 한 듯, 땅에 머리를 담그고 있다. 아슬아슬 땅에 닿을 듯 말 듯, 하기도 하고, 자신의 무게에 못 이겨 땅과 합의를 보고 거름이 되어 썩어가는 녀석은 결국 땅이 되고, 내년 열매를 위한 모태가 된다. 또한, 알맞은 위치에서 모범적인 성장을 뽐내고 있는 귤도 있다.

  적당한 크기와 빛깔, 적절한 위치를 차지한 귤들은 '상품'이라고 불리며 옛날 같으면 나라님께 진상해야 하지만, 지금은 육지 어딘가에서 고급 입맛을 추구하는 구매자들에게 보내기 위해 조심스럽게 따서 우아하게 포장한 후, 비행기를 태우게 된다.

  운명적으로 어느 위치에 달리는지, 얼마나 충분한 영양공급을 받을 수 있는 땅에서 자라는 지가 주인을 결정하게 된다.

  대지는 모든 자식에게 공평한 기회를 제공하지만, 때로는 주어진 운명도 무시할 수는 없다. 그럼에도 불구하고, 안간힘을 쓰며 땅의 모든 혜택을 받으려 영양분이 많고, 햇빛이 찬란한 곳으로 뿌리를 뻗어나간 귤들은 결과가 달라진다.

반대로, 충분한 혜택을 받아 지나치게 크게 자라버린 '큰 귤'은 상품으로써의 몸값을 받지 못한다. 맛은 최고지만 소비자가 이 결과의 진가를 알아보지 못한다. 때로는 안타깝지만 사람들은 정상치를 최고로 여기기 때문이다.

그냥 지나치니 자기를 따가라며 머리를 가격하고, 어떤 녀석들은 환영의 노란 화환을 둘러주기도 한다. 찬란한 귤의 후원자인 태양으로부터 황금빛 은혜를 입은 귤은 노랗다 못해 붉은 태양 그 자체다.

서서히 진행된 출산의 고통을 시원하게 벗어버리고 올해의 새로운 생명을 잉태할 이 땅에게 오늘은 오랜 준비와 휴식으로 들어가는 축복받은 날이다.

...

키위는 아기를 키우듯 세심한 돌봄을 받아야 한다. 싹이 나왔을 때 제일 먼저 할 일은 잎사귀 하나에 봉오리도 하나만 두고 모두 솎아내는 것이다.

그렇지 않으면 각각의 싹에 달린 키위 열매가 제각기 자라나 큰 열매를 맺기보다 작은 열매로 분배되기 때문에 어릴 때 '될성부른 싹'만 남겨두고 없애버려야 큰 열매를 얻을 수 있다. 위쪽 3~4개만 남기고 아래쪽부터 연약한 잎에 처절하게 매달린 녀석들부터 제거한다.

드디어 남겨진 봉오리에서 예쁜 꽃이 피면 이들을 중매로 맺어줘야 하는데, 방법은 일일이 꽃가루를 꽃에 쏘아 주어야 한다. 스스로 수정하지 못하므로 인간의 세심한 연결에 의해 새로운 생명이 태어나게 된다.

꽃이 피어나는 대로 때를 놓치지 말고 나머지 80%도 인연을 맺어줘야 한다. 모든 일에는 때가 있는데, 특히 키위는 시기를 놓치면 결실을 맺기 힘든 작물이다.

살암시민 살아진다

...

 '별도봉' 산책을 하려고 하다가 산책로를 정비 중이라서 모충사로 발길을 돌렸다. 나무와 숲이 우거져서 그늘이 많아 일찍 온 더위를 피하면서 걸을 만했다.

 "오늘은 무슨 신기한 일이 있을까?"라는 기대 속에 아니나 다를까 예쁜 꿩이 출현했다. "록록~"하며, 나를 보라고 혀로 신호를 보냈는데, 붉은 '벼슬'을 뽐내며 양옆을 두리번두리번, 안단테 속도로 피아노 치듯 걷는다.

 그 자태가 제법 튼실해서 민첩하게 걷지는 못하고 나에게 약간의 관심을 보여준 순간 그의 앞모습을 포착할 수 있었다. 매력적인 걸음걸이와 총천연색 날개가 현란했다.

 뭔가 식량을 포착했는지 부리를 벌리고 어디론가 목표 지점을 향해 분주히 간다. 그래 가라, 먹고 살아야지! '살암시민' (살고 있으면) '살아진다'(살 수 있다).

시간의 밀어

...

 교래, 김녕, 세화, 평대 지역으로 제주에만 있는 생명체의 세밀화를 그려보려고 탐방에 나선 날, 지독한 강풍에 바다가 흔들리고 모래폭풍이 도로를 구렁이처럼 휘감아 포구의 배들은 잠시 돌담의 품에서 숨죽이고 있었다.

"폭풍 속의 평화, 그 안에서도 잔잔한 흔들림이 있네?"

 제주는 마을마다 소박하고 정겨운 포구를 그 안에 품고 있다. 소담한 포구들을 만나는 오전 시간 여행은 봐도 봐도, 가도 가도, 새로운 길을 알려주었다.

 '휘리릭~', 팔색조 같은 소리가 고요한 숲을 휘감았다 사라졌다. 여덟 가지 색이 들어있다고 해서 팔색조라고 한다기에, 다양한 색을 찾아 그려보았다. 발가락은 마치 오리의 물갈퀴처럼 넓게 펼쳐서 바위를 꽉 붙잡고 있고, 그 작은 몸에 들어있는 다부진 에너지가 꽉 다문 입으로 전해져 굳세게 보였다.

제주의 소담한 포구와 검은 숲에서 팔색조 노래처럼 알 수 없는 밀어가 내 곁을 지나갔다.

　길바닥을 흘러가는 모래 폭풍에게서 따가운 모래비 세례를 받아 보기도 했고, 물을 담은 풍선이 꿀렁꿀렁 심장 위로 굴러가는 듯한 아쟁 연주음의 위로를 받아 보기도 했고, 때로는 장독대에 똑똑 떨어지는 고요한 빗방울이 내 마음에 점을 찍어주기도 했던 나의 2021년은 곶자왈처럼 고요했고, 포구처럼 아늑했다.

　제주에만 있는 생명체의 세밀화, 그려도, 그려도 흥미로울 듯하다.

II. 섬; 기억의 흔적

그의 향기는 상사화로 피어나

...

 낮에 옅은 아메리카노를 마셔서인가? 나이가 들어서인가? 잠을 거의 설치고 "아이들이 이불 잘 덮고 자는가?"를 살피고 다독이니 불현듯 삼십 년 전 한 어머니의 절박했을 그 시간이 나의 잠 못 드는 시간에 겹쳤다.

 어느 신문사에서 운영하는 제주 역사 탐방 프로그램에서 함께 방문한 양 열사16)의 집으로 가는 길, 능소화가 한창이었다. 그런데, 갑자기 가을을 알리는 소나기가 '와작착 와작착' 사정없이 우산 속으로 후벼 들었다.

 아들이 떠난 지 수많은 세월이 흘렀음에도 타들어 가는 어머니 가슴에 재가 쌓이는 듯 낯빛이 어둡고 마른 육신은 가벼워 보였다. 인터뷰에는 외모가 동생과 매우 닮았다는 그의 형이 대신 응하였다.

 11월 7일 그 밤은 몹시도 추웠다고 한다.
동생의 분신 소식을 듣고 따스했던 그날 낮에 입었던 얇은

---

16) 1991년 제주대학교 사학과에 재학 중 제주도개발특별법에 반대하여 분신, 무분별한 개발을 경계하며 제주도의 환경과 주민의 삶을 지키고자 한 인물로 이후 제주도 개발의 방향을 재고하는 계기로 작용

옷 바람으로 서둘러 달려갔는데, 누군가 자신이 입었던 외투를 벗어서 떨고 있는 육신에 덮어주었다고 한다. 마음의 온도도 상상할 수 없을 만큼의 두려움과 놀라움으로 떨렸으리라. 방송에서만 보았던 그런 일이 본인의 이야기가 될 줄은 꿈에도 몰랐다고 한다.

 우중에 실례를 무릅쓰고 들어선 그의 청년 시절 보금자리 삼방17)에서 바라본 감나무에는 그때도 설익었을 것이라 짐작되는 열매가 세찬 빗줄기에 꺾이지 않고 언제라도 올 수 있도록 열린 초록 대문과 함께 의연하게 기다리고 있었다.

 사실 그가 가고 난 후 일 년 동안 어머니는 아들이 대문으로 들어서던 일상을 잊지 못하고 열린 대문 밖을 서성였다고 한다.

 돌아오는 길, 아들이 돌아올까?
여전히 설레는 어머니의 마음으로 동백처럼 붉은 상사화 한 송이 피어나 있었다.

 그 후 일 년이 빠르게 지나갔다. 작년에 인터뷰를 끝내고 나오면서 찍어두었던 소나비 오는 대문을 그리기로 하였다.
"대문에 서성이던 어머니의 마음까지 그림에 담을 수 있을까?

---

17) 삼방: '대청마루'의 제주어

늦여름 손님을 맞이했던 수직 소낙비, 삼십 년 동안 주인을 기다리던 초록 대문, 소년이 꿈꾸었을 미래를 담은 감나무, 여전히 시간은 흘러가는데…"

세월의 흔적 속 그 사람은 실체가 없구나. 그 사람의 향기를 입혀보고자 그림 속 구도는 준비되었지만, 마음에 들지는 않네. 빗물도 그려보고, 창고 벽으로 타올라 간, 이끼도 그려보고, 대문 너머 어렴풋이 소낙비 흘러가는 거리도 그려보았지만, 그가 오지 않는다.

멀리 보이는 나무는 짙은 초록과 연초록을 번갈아 흐릿하게 표현했다. 이웃집의 벽을 싹 쓸어 보라 돌담으로 변모시키고 초록 대문도 과감하고 굵직굵직한 철제 대문 조각으로 나타냈다. 창고 벽은 돌담 사이 따라 붓 자국을 내서 제주 돌담으로 쌓았다.

처마 모서리마다 매달린 빗물은 감나무를 향하여 흩날리는데, 말없이 열린 대문 밖에는 연초록 봄빛이 대기하고 있었다.

상사화 (Waiting Heart)

서른 밤 소나기
서른 번 설운18) 애기
빗방울로 내린다

소리 없이 내리는
어머님의 눈물마저

태워버린 열정은
가슴에
재가 되었다

무르익어 떨어지고
싹이 트고 무르익고

떨어질 줄 모르고 익어가고
싹이 틀 줄 모르고 떨어진다

---

18) '서럽고 안타까운'의 제주어

신례리, 실례합니다

...

　긴 올레길을 드리워 위엄 있는 자태를 갖춘 '양금석 가옥[19]'은 올레 끝자락에 편안하게 자리하고 있었다.

　누군가의 애절한 사랑을 노래한 '밀회'라는 시가 안거리 나지막한 천장 밑 그 옛날 수수한 시화 속에서 그들의 젊음과 봄날에 대해 속삭였다. [20]"저려오는 붉은 시간, 영혼을 울리는 이여, 별빛 열고 이리로 오는가?"

　해안에서 용천수를 등에 지고 오느라 고단했던 안주인에게 물허벅을 허리춤에서 내려놓고 안식을 주었던 '물팡'에 잠시 내 마음도 내려놓아 보았다. '물팡'의 배경 화면은 이름 모를 꽃이 늘 걸려있는 벽화처럼 다소곳하게 나를 바라보았.

　세도 있는 가문의 식량을 담았을 듯한 된장 항아리들도 빛나는 얼굴로 나에게 말을 걸었다. "어디서 옵디강?"

　뒤뜰 귤밭을 감싼 울타리는 '제주 4·3' 때 적을 방어하던 4m 성벽이었다고 한다. 아니나 다를까 돌담은 예사롭지 않게

---

19) 제주특별자치도 민속 문화유산, 80년 전 지어진 제주의 전통가옥, 제주도 주거 문화가 잘 보존되어 있다.
20) '양금석 가옥' 시화에서 인용

두터운 풍모로 단단하게 땅에 파고 들어가 있었다.

 칠십 년 전 4·3의 아픈 기억은 제주의 아름다운 풍경 구석구석 아프게 스며들어 소리 없이 내 마음을 울렸다.

시화   물팡

눈동자

자화상

잃어버린 미소

• • •

나의 오른쪽 눈썹을 자세히 보면 눈 끝에 비스듬히 하얀 선이 나 있다. 선으로 메꿀 때마다 어머니가 매번 미안해하며 하시던 말씀이 떠오른다.

"자리 장만허는디, 느가 막 조꼿디 왕, 이거 뭐꽈? 저거 뭐꽈? 막 물어보난 칼 위험허난 저래 강 이시라 허멍 칼로 '저래'를 곳잰허단 느 눈썹을 스쳤저, 호마트면."

"자리돔 손질하는데, 네가 막무가내 가까이 다가와서, 이거 뭐예요? 저거 뭐예요? 다짜고짜 물어보니, "칼이 위험하니까 저쪽으로 가 있어라."라고 하면서 칼로 '저쪽'을 가리키려고 했는데 너의 눈썹을 스쳤어, 하마터면."

'참견쟁이' 딸이 대견하기보다 밉기도 했겠다.

'나'라는 사람을 그리려고 새벽까지 고군분투했다. 구도를 잡고 공간을 나누고 나서 얼굴을 그리는데 눈을 너무 크게 그렸다. 눈이 입보다도 더 크게 되어 지우고 다시 그리는데 눈동자가 자꾸만 지워지고, 깎여 나가게 되어서 애써 원상 복귀하려고 노력하였다.

나의 어머니는 어린 시절 한쪽 시력을 잃으셨다. 눈을 그리면서 나의 어머니가 자꾸만 떠올랐는지도 모른다.

 자식들이 바쁠세라 공휴일 맞춰 하늘나라 떠나신 어머니, 제삿날마다 사진을 들여다본다. 사진 속 어머니는 지금의 나와 비슷한 나이이다. 어머니의 고운 얼굴에 남은 세월의 흔적이 영정 사진에 남아 웃지 않으신다.

 세상이 무언지도 몰랐을 시절, 한쪽 눈을 실명하고 사춘기를 보냈던 어머니를 나의 사춘기는 이해하지 못하였다.

 그림에서는 조물주가 완벽하게 창조해 낸 개체를 때로는 따뜻하게, 뒤틀리게, 눈동자와 미소도 추가하면서 내 의도대로 창조할 수 있다. 그러나 생전의 어머니가 받아들여야만 했던 세월의 상처를 이제라도 바꾸는 것은 불가능하다.

 봄의 전령 목련꽃은 소리 없이 피어나 생이 끝났을 때, 가장 참혹한 모습으로 비 오는 마당에 육신을 굴리며 떠나감을 알리고 알려도 그 이별을 못내 아쉬워한다. 한꺼번에 떨어져 내리며 쉬이 감을 아쉬워하지 않는 동백꽃과는 대조적이다.
 사실 목련이 지는 순간 봄은 다 간 것이라고 한다. 하얗고, 소박하게 봄을 수놓는 꽃, 긴 겨울을 보내며 그녀가 피기를 기다리는 마음은 많이도 설레었는데, 가장 짧은 계절에 사람들 마음을 앗아가고, 그 계절마저 데리고 떠나가는 목련의 오고 감은 나의 어머니를 많이도 닮았다.

 위에, 팔에, 코에 온갖 연결할 수 있는 부위에 본인의 의지와 관계없이 줄로 연결되었던 병상에서의 시간, 마지막 순간에 세상과의 끈들을 훨훨 시원하게 벗어버리고 떠나가신 나의 어머니, 내 가슴의 온도를 여전히 따뜻하게 유지할 수 있도록 해주신 그 헌신에 감사드린다.

 봄의 뒤뜰 복숭아꽃, 여름 진초록 보리 들판, 가을 먼 오름의 낙엽송, 겨울의 눈 오는 밤을 불편하신 한쪽 눈을 감고 딸과 함께 바라보셨던 그 순간들, 그쪽에서는 두 눈으로 당신 딸 살아가는 모습 예쁘게 보고 계신가요?

'물실'(발길, 말이 다니는 길)

고요한 통곡의 길, '물질'

...

 원나라의 지배가 극성을 부리던 고려 시대, 제주는 조랑말을 키워서 당시 원나라로 조공을 바쳤다. 제주도 서부 산간 지역에서 말을 키워 좁은 산길을 따라 21)'말테우리'들이 대평포구로 데리고 내려와서 원나라로 가는 그 길은 "통곡의 길이었다"라고 서귀포시 안덕면 감산리 주민들은 표현하고 있다.

 서귀포시 안덕면 대평 포구에서 '박수기정'을 거쳐 산길을 가다 보면 감산리 지점에서 지금은 제주 올레길 9코스로 되어있는 '물질', 일명 '공마로'를 만나게 된다.

 처음에는 '길이 왜 이렇게 좁을까?' 궁금했는데, 원나라로 가는 말들이 일렬로 다니다 보니 자연스럽게, 그 말발굽으로 길을 내었다는 설명을 보고서야, 이 길이 옛 제주인들에게는 세금의 무게에 통곡하며, 어렵게 키운 말을 원나라로 실어 나르던 길임이 실감 되었다.

 그 말들이 원나라의 기마부대가 되어 '칭기즈칸'의 말이 되

---

21) '말몰이꾼'의 제주어

고, 세계 정복의 꿈을 가르는 기마가 되었음을 새삼 느끼며 오늘 고요한 '물질'을 평화롭게 걸을 수 있음에 감사한다.

'물질'을 지나 서부 산골길로 이어지는 길에 만난 '박수기정'에는 재미있는 전설이 들어 있다.

22)옛날에 바다 용왕님께서 과거 시험에 대비해서 아들을 뭍으로 유학 보냈는데, '창고내'라는 냇물이 밤낮없이 흘러내려 너무 시끄러워서 글공부에 집중이 안 된다고 호소하니, 용왕님께서 바다와 육지 사이에 '박수기정'이라는 절벽을 세워 소음을 차단해 주었다고 한다. 예나 지금이나 부모님의 교육열은 바다와 육지를 차단하는 '박수기정'만큼이나 높았다는 생각이 든다.

나의 어머니 성은 '좌'씨이다. '좌'씨는 '청주 좌씨'23)와 '제주 좌씨'가 있으며 여기에서 '청주'는 현재 중국에도 있는 지역으로 '청주 좌씨'는 원나라 지배 시에 제주로 건너와 주로 목장 관리인 직업을 가졌다는 설도 있다.

---

22) 대평포구 안내 표지판에서 인용
23) 좌씨는 중국 노나라 학자 '좌구명'에서 비롯된 성씨로, 우리나라에 좌씨가 들어오게 된 것은 1273년 여원 연합군이 삼별초를 평정한 후 제주도에 탐라총관부를 설치, 몽골제국에 귀속시키고 일본정벌을 위한 준비로 목마장을 설치하여 명마를 사육하면서부터라고 한다.

그렇다면 나는 이미 먼 옛날 '다문화'의 후손인가? 그러고 보면 '고, 양, 부' '삼성'씨도 외국 공주와 결혼했다는데, 제주 사람들은 이미 다문화라고 보아야 할지도 모른다.

'몽근 자식'24) 등 원나라 군대가 제주에 남기고 간 상처는 제주어에도 다소 반영되어 있다. 조공과 침략, 그리고 가난에 시달리면서도 현재 아름다운 제주를 지키고 만들어낸 제주인들이 고맙고 자랑스럽다.

---

24) '몽고인의 자녀'를 비하하는 뜻의 제주어

할망과 어멍의 땅

...

 올해는 3월에도 눈이 온다. 한라산이 흰머리를 풀어헤쳐 벚꽃을 기다리는 여심을 얼어붙게 만들고 있다.

 제주에서는 해산물의 풍요를 가져오는 바다와 바람의 여신 '영등할망'을 비롯한 모든 신이 옥황상제에게 업무보고와 새로운 임지 배정을 받기 위해 하늘로 출장 간 기간, '신구간[25]'에 신들 몰래 이사를 하면 '손 없는 날'이라고 해서 이때 일 년의 이사가 거의 이루어진다고 해도 과언이 아니다.

 '영등할망'이 옷을 따뜻하게 입고 있으면 꽃샘추위를 안은 봄이 오고, 헐벗은 '영등할망'이 오면 따뜻한 봄이 온다고 한다. '영등할망'은 음력 2월 1일에 한림읍 귀덕리로 입도하여 2월 보름날 우도를 통해 제주를 떠나는데 이 기간에 날씨가 좋으면 딸을 데리고 들어온 것으로 한 해 동안 풍년이 들 징조라고 한다. 올해는 '영등할망'이 옷을 따뜻하게 입고 며느리를 데리고 오시나 보다.

 신화 속에서 옥황상제의 셋째 딸인 '설문대 할망'은 제주의 산과 오름을 만들었다는 거대한 여신이다. 그녀는 한라산 봉

---

[25] 신구간: 대한 후 5일째~입춘 3일 전까지 일주일 정도 이사를 해도 좋다고 여겨지는 시기, 보통 1월 말에 해당

우리를 꺾어 던져서 안덕면 사계리의 산방산을 만들기도 하였다. 그래서 한라산 백록담과 산방산 둘레는 거의 일치한다는 설이 있다. 수학 프로젝트로 두 지역의 둘레 재기를 해보는 것도 흥미로울 것 같다.

그녀는 마라도와 관탈섬에 발을 걸치고 우도를 빨래판으로 삼아 빨래도 했다고 할 만큼 거구였다. 속옷 감이 모자라서 제주 사람들이 천을 만들어 주면, 제주와 육지를 연결해 주는 다리를 놓아주기로 약속하지만, 재료가 모자라서 육지로의 다리는 이어지지 못했다.

'설문대할망'은 인간처럼 유한한 삶을 살았던 유일한 신이다. 신화 속 그녀는 26)창 터진 '물장오리' 연못에 빠져 죽었다고 한다.

봄 유채꽃이 흐드러지게 피는 산방산 둘레 길은 진분홍 철쭉이 수국 송이처럼 피어나는 백록담 언저리와 발맞추어 노랑과 분홍의 향기로 휘날린다.

'영주 십경' 중 하나인 산방굴사를 허리춤에 감추고 노랑 유채꽃 치맛단을 발끝에 두른 설문대 처녀가 진분홍 화관을 쓰고 저 멀리 육지를 아득한 눈으로 바라보는 듯한 봄이다.

---

26) '바닥이 뚫린'의 제주어

그나저나 설문대 할망에게 속옷을 해드리고 육지를 연결해 달라던 신화 속 제주 사람들의 간절함은 얼마나 사무쳤을까? 특히 옛날 조선의 여인들은 '출륙금지령'[27] 때문에 육지는 '이어도' 같은 꿈의 땅이었을 것이다.

오죽했으면 조선시대 제주 출신 의녀 '김만덕'이 '정조' 임금의 소원을 묻는 청에 답하길, "금강산을 구경하고 싶사옵니다."라는 답을 했을까?

산방산에서 흘러내린 물이 바다로 이어지는 사계 바당은 봄, 여름, 가을, 겨울 다른 주인을 모시고, 계절에 맞는 인테리어를 갖춰서 그 계절 주인만의 독특한 향기로 운영할 수 있는 사계절 카페를 열고 싶은 아름다운 곳이다.

이 봄, 비발디의 '사계'가 잔잔하게 흐르는 타임머신을 타고, 설문대 할망처럼 형제섬 너머 광활한 태평양을 바라본다.

---

[27] 출륙금지령: 조선 중기(1629년) 제주 인구 감소로 특산물의 진상, 군액 축소 문제가 제기되어 제주도민이 육지로 나가는 것을 금지한 정책

조와 당신

...

무등이왓28), 그들의 삶터를 숨죽이게 했던 그 순간들, 영혼이 고이 잠들도록 그 땅에 조를 심고 정성 들여 키운 조로 '제주'29)를 만들어 내년 4·3 추모제에 올린다고 한다.

여름내 조밭의 김을 맸다는 어느 선배가 연주한 아코디언 연주 '잠들지 않는 남도'가 햇빛이 녹아들어 부드러워진 남도의 돌담에 누운 '조코고리'30)에 울려 퍼졌다.

그들의 서사시를 그림에 받아 적을 수 있을까?

정겨운 제주 돌담, 담 돌멩이 하나하나 입체감 뽐내도록 살려본다. 초록, 보라, 잿빛, 남색 가지각색 돌들이 모여 돌담이 된다. 입체감을 살리기 위해 명암을 넣고 구멍 숭숭 뚫기 위해 검정, 하양 점을 찍어본다. 점은 선이 되고, 선은 그림이 된다.

---

28) 서귀포시 안덕면 동광리 소재 300년 전 화전민 마을이 1948년 제주4·3 때 중산간 마을 초토화 작전으로 전소되어 잃어버린 마을, 당시 130가구, 약 400명이 거주함.
29) 제사용 술
30) '조 이삭'의 제주어

돌멩이 사이사이 구멍은 돌담 너머 푸르른 조밭이 메꿔줄 것이다. 제주 돌담은 바람에 흔들리지 않는다. 다만 바람에 흔들려줄 뿐이다. 무너지지 않기 위해 유연해진다.

돌담 장인의 숨결을 느끼며 흔들리면서, 흔들리지 않는 아름다운 제주를 그려본다.

아코디언을 보면 유년 시절, 영화의 한 장면이 떠오른다. 영화 속에서 중국과 만주벌판의 광활한 역사 무대를 누비는 중국집 내 독립군 본부, 총격전이 벌어지기 직전 바람잡이 악공이 아코디언을 연주하며 평화로운 일상을 노래했다면, 오늘의 아코디언은 제주4·3 때 어려운 시절을 살았던 사람들의 어느 멋진 날의 추억을 찬란한 햇빛 속에서 꺼내와 들려주고 있다.

반짝이는 햇살은 그들이 울타리로 여겼던 돌담을 어루만진다. 무더운 날 뽑아낸 '검질'31)들로부터 고이고이 지켜낸 조밭 속 이삭들은 성숙함에 못 이겨 돌담에 머리를 누이며 속삭인다. 고뇌에 찬 연주자의 위로 곡조도 조용한 저녁 들녘 조밭 돌담에, 가슴 속에 속삭인다.

"고이 잠드소서!"

---

31) '잡초'의 제주어

잃어버린 마을, 곤을동

...

 화북에 있는 '곤을동'은 '제주4·3' 당시 마을 전체가 불에 타서 흔적만 남아 있는 마을이다. 화북포구는 내가 매일 운동 다니는 사라봉과 연결되어 있어서 지척에 있었지만, 정작 와 보기 전에는 예전에 정겨운 마을이 있었던 자리임을 상상도 하지 못했다.

 이른 저녁, 암수 말 방아로 쌀겨를 벗겨서 밥 짓는 연기가 피어올랐었고, 마을 사람들이 따뜻한 온돌에 모여 앉아 미래의 꿈을 이야기하던 안방 벽이 '제주 4·3' 때 불타버린 줄은 꿈에도 몰랐다.

 수많은 생명이 찬란한 미래를 남겨두고 본인의 의지와는 상관없이 스러져 가야만 했을 안타까운 그날들이 가슴 아프게 눈앞에 펼쳐졌다.

 입구로 사용했던 듯한 돌대문의 쓸쓸한 인사에 답가를 불러 보았다.

앞마을 순아, 뒷마을 용팔아
바다를 바라보며 꿈꾸던 사람아

황토벽 사랑으로 추운 겨울 견뎌냈지.
싸늘한 그날 검붉게 불탄 벽

그날의 밥 짓는 시간을 잊지 않을게.

암, 수 말방아야
언제 다시 만날 수 있겠니?
푸른 바다 옆 지기 평온 알려나?

진한 찔레꽃 향기, 70년 전 설레는 그 마음의 향기로 녹아 그날 그들처럼 평온 속 저녁을 걸었다.

말방아, 수놈

총알을 맞고 검붉게 불탄 벽

무명천 할머니, 이제 좀 쉬셔요

...

 제주의 전통가옥을 찾아다니다 우연히 들어선 월령리, 목이 말라 커피 한잔 마시려고 들른 카페에서 무심코 둘러본 바깥 풍경 속에 무명천 할머니의 집이 들어있었다.

 넓고 넓은 바닷가에 오막살이 집 한 채의 소유자, 진아영 할머니, 4·3의 아픔을 온몸으로 짊어지고 이 작은 삶의 영역에서 끝까지 살아내신 분, 현관에 새겨진 한 줄의 메시지가 숙연하게 했다.

 '내 이름은 진아영, 오늘을 기억하고 기록하다'

 정겨운 '정낭'[32] 3개가 쳐져 있다는 것은 주인이 마실 가서 오랫동안 못 돌아온다는 뜻인데, 할머니를 기다리는 집은 여전히 그 자리에 변함없이 서 있었다.

 '제주4·3' 때, 턱에 총을 맞아 무명천으로 감싸고 평생 고통 속에 살다 간 할머니, 그녀는 위장병으로 고생하셨다고 한다.

---

[32] 예전 제주에서 대문 대신 가로 걸쳐 놓는 길고 굵직한 나무, 3개가 걸쳐 있으면 주인이 먼 곳에 출타 중, 다 내려져 있으면 주인이 집 안에 있다는 징표

의술의 도움 없이 무명천에 의지해 사셔서 문제가 소화기관으로 직결된 것 같다는 추측이 있다.

지난번 할머니 집을 방문했을 때, 안방에 놓인 낡은 텔레비전에서는 그 당시 미군정 상황과 생전 할머니의 증언 영상이 흘러나오고 있었다.

벽에 걸린 할머니의 젊은 시절 사진들이 언제 그런 일이 있었냐는 듯 무심하게 나를 바라보았다. 꿈 많았던 새댁이 친정에 방문했다가 무차별적 총탄에 턱이 없어져 버린 일은 어린이를 포함해서 3만 명의 목숨을 앗아간 7년에 걸친 긴 비극의 시간 속에서는 역사의 한 점과 같은 기록일 뿐이었다.

그 시기에 살지 않았음을 안도하며 살았던 사람들에게 미안했다. 또한, 그들이 지켜낸 평화가 지금의 나를 존재하게 함에 감사한 마음이 들었다.

카페를 뒤로하고 걸어가다 보니 마을 어귀에 조그만 해수욕장이 펼쳐졌다. 정겨운 마을길과 해수욕장을 활보하는 휴가를 즐기러 온 먼 이웃들을 스쳐 지나갔다.

고기 잡는 아버지와 철모르는 딸의 역사를 품은 넓고 넓은 바닷가의 오막살이 집 한 채를 감싸는 석양이 강렬하고 어둡게 채색된 하늘을 배경으로, 노랑과 주황을 불태우며 입체적, 단계적으로 소멸했다.

 할머니의 희망의 날들을 줄여버린 그런 일이 언제 있었냐는 듯, 바다에 비친 빛 그림자는 내일에 대한 희망으로 가슴을 울렁거리게 했다. 오늘이 가고 내일을 기약하는 일몰은 엄숙하고도 아름다웠다.

무명천 할머니 집

부임하는 제주목사에게 귤 던지는 기생들

역사 문화의 동심원

...

또다시 모란이 피기 전에 그 거리를 걸었다. 일제강점기를 거치는 동안, '한짓골'33)과 '무근성'34) 거리는 제주 문화와 역사의 중심 무대였다.

관덕정 벽화 속에 새로 부임한 관료들에게 추파를 던지는 기생들 그림부터 보게 되었다. 지붕 밑에 그림이 있다는 사실도 새삼스러웠지만, 기생들이 던지는 것이 귤이라는 점도 놀라웠다. 그 옛날에도 귤은 제주를 대표하는 특산물이었다는 사실을 그림 속에서 확인하게 되었다.

제주시 원도심의 건축양식 중심으로 칠성통, '아리랑 백화점' 자리까지 하루 종일 해설을 들으며 걸었다.

고등학교 추억 속에서 '바람과 함께 사라지다', '벤허' 등 명작을 본 곳, '동양극장'은 독특한 건축양식을 가지고 있지만, 동문시장과 맞물려 그 빛을 충분히 발하지 못하고 있었고, 영화관 억할도 하지 않고 있었다.

---

33) 제주시 중앙로, 칠성로, 동문로 일대, 1899년 천주교 제주교구 최초의 본당이 들어선 곳, 1970~80년대 문학과 예술에 목마른 청년들이 거리를 메웠던 곳

34) 제주시 삼도2동에 존재했던 성터, 지금의 제주북초 서북쪽 위치, 탐라시대에 고, 문, 강씨 부호들이 살던 곳, 일제강점기 제주항 건설로 성곽의 돌들이 매립에 사용되며 완전히 사라짐.

양배추 가득 넣은 영양 만점 떡볶이가 일품이었던 칠성통 '해바라기 분식' 자리, 오현중, 오현고가 있던 '맘모스 부페' 자리, 신성여중고의 모태가 되는 현재의 '인천문화당' 자리, 이제는 칼호텔이 되어버린 제주여중고 자리와 '오현단'[35)]을 돌아보았다.

길 하나를 띄우고 마주 보고 있는 '북초등학교'와 '제주목관아'는 구도심 교육의 중심지이다. 북초등학교 '김영수 도서관'에서 제주목관아의 멋진 풍경을 바라보는 것은 참 운치 있는 일이었다.

비 내리는 답사 길에 빨강, 파랑, 노랑 우산을 들고 제주중학교로 이어지는 좁다란 올레 길을 따라 이어진 아이들의 옛 등굣길도 바라보았다.

지금은 다소 위축된 원도심의 아름다운 건축양식과 그 속에 숨어있는 역사와 생활 문화를 보존하면서 과거와 현재가 조화를 이루는 상생 방안을 생각해 본 날이었다.

---

35) 제주시 이도1동 소재 제주성지 흔적과 인접, 조선시대 이 지방 발전에 공헌한 다섯 사람(김정, 송인수, 김상헌, 정온, 송시열)을 배향한 옛터

금성교회 백년의 숨결

...

  일과가 종료되자마자 금성교회로 달려오니, 어스름 석양이 곧 지구 반대편으로 발걸음을 내딛는 순간이었다.

  백 년 전 그날도 태양은 어김없이 이곳을 저렇게 지나가고 있었겠지? 한 사람 한 사람의 숨결을 모으고 뱉으면서 수많은 생명이 지나갔고 지나가고 있는 곳, 금성교회의 수많은 사연을 그림에 담아 보았다.

  1924년 제주 최초의 자생적 교회인 금성예배당이 이 자리에 세워졌다. 그러니까 약 백 년 이상의 역사가 있는 교회이다. 지금은 낡고 버려져 있지만, 이 근처에 살아왔고 살아온 사람들의 발자취가 남겨져 있다.

  아버지가 태어나던 해에 초가집 형태로 지어져서, 내가 초등학교 때 지금의 모양으로 다시 지어졌으니, 나보다 훨씬 더 많은 사람들의 역사와 숨결을 머금고 있다.

  먼저 태양이 어루만지는 곳은 종탑이다. 서양 건축 양식에서 가져온 듯한 종탑에서 울리던 교회 종소리는 피고 지고,

피고 지던 아침과 저녁 일상을 규격화하며 시간의 흐름을 따라 변화하는 사람들의 심금을 때로는 고요하게, 때로는 갈구하며, 때로는 처절하게 울렸을 터이다.

금성마을의 중앙에 자리 잡은 교회 뒤편으로 태양은 여전히 아쉬운 시간의 흐름을 알리며 지나가는 중이었다. 예배 보던 사람들의 고즈넉한 기도 소리와 만남의 시간이 고스란히 남아, 들리는 듯했다.

36)"기차가 어둠을 헤치고 은하수를 건너면 우주 정거장에 햇빛이 쏟아지네, 행복 찾는 나그네의 눈동자는 불타오르고" 나의 유년 시절의 기억을 떠올릴 때마다 이 노래가 흥얼거려진다.

여자주인공의 은하수 동굴 속 메아리 같은 목소리가 울려 퍼지며 4차원 시간의 밀림을 헤치고 또 다른 정거장으로 향하던 만화영화, 끝없이 반복되는 시간 속에 우주 끝까지 이름 모를 정거장들이 계속될 줄 알았는데, 어느새 반 이상의 정거장을 지나와 금성교회와의 인연도 깊어지고 있다.

그 인연은 세상을 행복하게 하고자 오신 예수님께서 탄생한

---

36) 일본의 만화가 '마쓰모토 레이지'가 창작한 만화를 원작으로 하는 '레이지버스' 애니메이션, '은하철도 999'에서 인용

날마다 교회에서 받았던 달콤한 사탕 향기로 거슬러 올라간다.

사탕은 귀해서 '감자 빼떼기'37)나 찐 것으로 기쁘게 간식을 해결하고 할아버지의 땅속 보물창고, 고구마 '눌'38)를 노리던 그 시절, 교회에 가면 받을 수 있었던 사탕은 시골 아이 간식의 로망이었고, 종교가 무엇인지도 몰랐지만, 예수님께서 세상에 오신 날은 무조건 축복의 날이었다.

육지와 제주를 오가는 사업을 하셨던 어머니께서 서울 다녀올 때마다 본인은 드시지 않고 받아왔던 비행기 사탕의 달콤함은 지금도 마르지 않는 눈물샘에 녹아있다.

금성교회는 새롭게 단장해서 교회의 초기 설립자이자 독립운동가 '조봉호' 전도사의 고향 귀덕리 등 다른 마을까지 아울러 바라볼 수 있는 전망 좋은 동산으로 이사 갔다.

혹여 미래에 금성교회 건물 모습이 변화하더라도, 지금 그 모습을 남겨두고자 그림에 담아둔다.

---

37) '고구마를 말린 식품'의 제주어
38) '조나 보리 따위를 둥글게 쌓은 더미(노적가리)'의 제주어

처음에는 조봉호39), 양석봉, 이덕련의 집을 기도처로 삼다가 1924년 초가로 제주 최초의 예배당을 지었다. 이곳을 제주 기독교 성지순례길 1코스의 시작점으로 잡는다.

1970년대에 이렇게 건물로 세워졌고, 교회 벽에는 그 당시 새겨 넣었을 십자가가 뚜렷하게 남아 있다. 주변으로 방향성 없이 낙서처럼 그어진 금들만이 많은 세월이 흘렀음을 말한다.

아치가 올려 있는 대문 안의 왼쪽 낡은 건물은 처음에는 목회자가 사용했지만, 나중에는 집 없는 주민을 위해 쓰였다.

---

39) 일제 강점기 제주 한림읍 귀덕리 출신 항일운동가

청춘이 반짝이는 숲을 걷는다

...

 비가 오나 눈이 오나 청춘을 가로지르는 아이들이 있어 학교는 쓸쓸하지 않다. 덕분에 마음만 청춘인 나에게도 아직도 봄은 설레는 계절이다.

 운동장에 피어나는 벚꽃은 긴 겨우내 이루어진 학교 재단장 공사 현장 속에서도 어김없이 피어난다. 가지는 꽃봉오리 피울까, 말까를 고민하는데 전체 동의도 없이 허리춤에 성급하게 활짝 피어버린다.

"빼꼼 내민 얼굴이 살짝 부끄러워 허리춤에 숨어서 홍조로 물들었구나." 공사 불문하고 오시는 봄처녀를 가슴을 활짝 펴고 맞아본다.

우리 학교 정원에는 그 어느 해의 졸업생들이 묻어놓은 타임캡슐이 있다. 그것을 펼쳐볼 날들은 아직도 많이 남아있다고 탑의 안내문은 전한다. 재작년부터 학교가 주변 생물들의 피난처가 된 이후, 고요한 아침을 수놓는 새소리는 더욱 커졌고, 곳곳마다 진을 친 다채로운 거미줄로 샤워하는 날이 많아졌다.

제주4·3의 아픔을 연못 속 금붕어들에게 주고 간 큰 새에게 "더 이상은 안 된다!"라고 외쳐본다. 어느 날 마지막 남은 한 마리의 금붕어마저 사라져 버린 이유에 대해 그 누군가는 "외로워서 연못 밖으로 뛰쳐나갔기 때문"이라고 풀이한다.

연못 옆에 우뚝 서서 최고의 날들이 잦아들어가는 감나무 열매를 안타까워하며 바라본 언저리에 쌓여있는 타임캡슐 돌기둥에 대해 나는 시간을 묻어둔 사람들보다 더 궁금하다.

모교 부임의 명을 받은 나는 나의 중학생 시절 시간의 흔적을 찾아 나섰다.

여전히 교표를 닮았다는 고요한 원형 정원, 책 읽는 소년의 동상, 내가 작은 소녀였을 때 너무나 멀고, 멀었던 매점 가는 길에 그늘을 주었던 소나무, 지각해서 샛길로 등교할 때 맞아주던 끝없이 광활했던 운동장, 태평양과 이어주는 다정했던 항구와 하물[40], 먼 바다로 나가는 고깃배와 잔잔하게 흐르던 시간의 숨소리, 그 모든 순간이 블랙홀을 타고 넘어 다시 펼쳐졌다. 이상한 나라의 앨리스처럼, 그 당시를 스캔해 보았다.

그때 당시 교장선생님의 최고의 칭찬을 받으며 부임 인사를 하셨던 당시 우리 담임 선생님을 원형 화단에 있던 조회대로 모셔 보았다.

국어 시간에 난생처음 듣는 외래어의 뜻에 대해 손을 들고 당차게 질문하던 한 소녀에게도 말을 건네 보았다.

"그때는 왜 그렇게 궁금한 게 많았어?"

수업보다 유머가 반 이상이셨던 기술 선생님, 그 당시 서울 지하철 러시아워 이상으로 붐볐던 콩나물 버스를 타고 와 숨 가쁘게 참여한 국어 수업에서 "땀 냄새, 인간 냄새나는 버스, 얼마나 좋아?"라고 하시며 문학적으로 현실을 휘감으셨던 국

---

40) 애월읍 애월리에 있는 용천수, '큰물'이라는 뜻

어 선생님의 미소 한 모금, 학생들을 성장시키는 흥미로운 그 한 시간의 수업을 위해 그 얼마나 어려운 고민과 많은 시간을 할애하셨을까?

교사가 되고 나서야 그분들의 노고를 새삼 더 느끼게 된다.

이제 몇 년 후 또 다른 시간의 블랙홀을 지나 '지금'이라는 타임캡슐을 오픈하는 누군가에게 어떤 오늘을 느끼게 할까? "나도 그 자리에 함께 있게 될까?" "그들은 어떤 기억을 소환하게 될까?"

"그때, 그 자리, 그 사람들의 그날들이 행복했기를…"이라는 소망을 전하며 오늘도 청춘이 반짝이는 숲을 걷는다.

함께 반짝이는 별들

조금만 조도를 낮춰줘
조그만 그 모습 보이게

조금만 소리를 낮춰줘
조그만 그 목소리 들리게

조금만 빈틈을 보여줘
어두운 별들이 끼어들께

조금만 시간을 남겨줘
마음껏 빛나볼께

우리는 모두 빛나는 별들이야

가을 퇴근길, 관탈섬에서

...

가끔은 애월 해안도로를 따라 퇴근하면서 인생의 여유를 부려보려 한다. 오늘처럼 청명한 가을 날씨는 관탈섬, 추자도 등 섬들이 수평선 위로 조잘조잘 튀어나와 말을 건네고 싶게 한다.

관탈섬은 말한다. "나는 옛날 귀양길 막바지에 제주 섬을 바라보는 마지막 관문이었어. 여기에서 관직을 벗어버린다고 해서 관탈섬이라고 해."

귀양길, 온갖 명예와 지위와 임무를 벗어버리는 그 마음은 무거웠을까? 외로웠을까? 후련했을까? 인생의 황혼녘, 육지에서 섬으로 오는 마음은 절망이었을까? 희망이었을까?

제주의 동쪽 '조천'에 있는 연북정은 관탈섬과는 다른 의견을 말한다. "그들은 빠삐용처럼 탈출을 꿈꾸고, 자신을 버린 임금을 그리워하며, 나의 무등을 타고 벗어 던졌던 모자를 되찾을 날을 고대했지"

앞으로 몇 년 후, 나는 저 관탈의 파도를 넘어 어떤 곳으로 모자를 벗어 던지고 있을까?

III. 쉼; 삶의 빛깔

맨발로 가는 봄날을 밟다 (1)

...

  함덕해수욕장을 맨발로 걷는다.

  키 큰 야자수들은 지는 태양과 '키 재기'를 하고, 봄은 낮에만 머무르는 쌀쌀한 저녁, 몇몇 신혼부부는 노을 속에서 젊음을 불태운다. 이곳은 신랑 신부 결혼식 야외 촬영 장소로 인기 있는 곳으로, 많게는 하루에 일곱 쌍 이상 볼 수 있다.

  황혼을 바라보는 신랑 신부의 뒷모습을 그린다고 했더니, 이제 막 출발한 그들에게 "벌써 봄날이 가는 것은 가혹하다"고들 해서, 일몰을 일출로 바꿨다.

  유화는 그동안의 실수와 의도를 또 다른 색으로 덮어주거나 바꿔주는 놀라운 힘을 가지고 있다.

  그 얼마나 설레는 미래가 펼쳐질 것인가?
광활한 하늘, 끝없는 바다, 영원한 사랑을 이 좁은 화폭에 담을 수 있을까?

  문득, 제자의 주례를 맡았던 일이 떠올랐다.
"코로나19로 인해 원격 가상공간에서 처음 만난 신랑은 신부에게 참 잘 어울리는 따뜻한 사람이라고 느껴졌습니다. 오늘 직접 보니 화면에서 볼 때보다 더 늠름하고 잘생겼네요. 늘 서로를 있는 그대로 존중하는 날들 만드세요."

소녀가 엄마가 되고, 아내가 되면서 나의 시간이 가족의 시간으로 할애되었고, 나 자신만을 돌볼 수는 없었던 너무나 바쁜 나날들이었다.

아이가 백일 될 무렵, 밤낮이 바뀌어서 업고 쪽잠을 자다가 기저귀 가방을 든 채 직장으로 향하던 기억, 어린이집에 맡긴 아이를 잊고 육아용품만 챙겨 서둘러 시댁을 향하다 돌아와 마지막으로 남은 원아를 찾아왔던 일들이 스쳐 지나간다.

"세 송이 꽃들을 피워주신 그 헌신 덕분에 꽃들은 나아갑니다." 이번 어버이날에 아이들이 보내준 천 송이 만 송이 감사의 꽃다발 속 메시지를 읽으며, "너희들이 만들어 준 부모 교육 과정 덕분에 엄마라는 대단한 사람이 되었단다."라고 내 마음은 답하고 있었다.

"오늘부터 서로가 선택한 사람은 신랑과 신부입니다. 두 사람은 인생에서 가장 중요한 선택 결과에 대해 가족과 친지 앞에서 약속하는 자리에 섰습니다. 두 분이 선택한 그 소중한 사람은 앞으로 가장 가까이 존재하고 매일 마주하게 됩니다.

사랑은 빠지는 것이 아니라 쌓아 올리는 것, 늘 기다리지만 말고 먼저 사랑하세요. 유한한 인생에서 사랑하고 또 사랑하여도 시간이 모자랍니다. 그 아름다운 날들을 미소와 상냥함으로 채워가기를 바랍니다."

결혼식 직후 축하해주는 친구들과 함께 '사랑가'도 노래하고, 야외 촬영도 했던 몹시도 추웠던 나의 삼십 년 전 결혼식 날 드라이브 장소도 그림 속과 같다.

지는 해처럼 노란 색소폰 연주자는 바다 물결 소리 안에 숨어서 연습하는 모양이다. 언덕 위를 걷는 실루엣의 그는 내가 좋아하는 '봄날은 간다'를 감미롭게 연주한다.

그는 나를 향해, 나는 그를 향해, 소리 없는 뭔가를 주고받는다. 아마도 그와 나의 봄날이 가는 소리일지도…
새색시의 연분홍 치마가 물결처럼 휘날리며 또 하나의 달콤한 봄날이 지나간다.

맨발로 가는 봄날을 밟다 (2)

...

　삼양해수욕장을 맨발로 걷는다.

　물그림자는 요술쟁이다. "멋진 삼양에 놀러 옵서"라는 간판을 가슴에 매단 집 뒤로 험악하게 버티고 있는 화학 공장에도 파란 하늘을 담은 바닷물 그림자를 꿈결처럼 덮어준다.

　그보다 조금 앞서 보이는 그 집으로도 진한 제주의 향기가 투영된다. 화학 공장 연기 기둥도 거침없이 반영하여 펼쳐 낸다.

　동쪽 끝까지 갔다가 되돌아 서쪽을 향해 걸어가면 현대식 찻집 건물이 노을에 섞여 물그림자에 잠수해 있다. 자연은 그 속에 침투해 들어오는 이방 세력을 녹여내어 자신으로 승화하는 놀라운 힘을 가지고 있다.

　해가 뜰 땐 일출, 노을 질 땐 석양, 여름엔 지칠 줄 모르는 젊음, 겨울엔 시린 마음 사르르 녹여주는 물감으로 시시각각 채색되는 내 고향 제주는 걷고 또 걸어도 매일 매일 미지의 세계 같다.

　오래도록 이 향기가 머무는 제주에서 세월의 일부로 살아갔으면 한다.

절에서 찾은 봄

...

 숲의 품에서 걷고, 책 읽고, 수면하며 피톤치드의 향기를 몸에 뿌린 방문객들이 모두 집으로 돌아간 오후, 약 한 시간 정도 숲과의 대화를 나누며, 늦은 일요일을 보내고 오천 보 걷기는 약한 듯하여 근처 절로 발길을 옮겼다.

 누군가 벚꽃은 피어날 때보다 흩날릴 때가 가장 아름답다고 한 말을 묘사하듯, 절을 둘러싼 '벚꽃 안개'는 비가 되어 나비처럼 길바닥으로 하강하고 있었다.

 천천히 걸어 들어가서 절 마당의 가을을 수놓았던 감나무와 탑을 마주하는데 노스님께서 사진을 찍어주시고, 불교 악기를 연주하며 부부의 행복을 빌어주는 공연을 해주셨다.

 봄의 존재감이 강해지면서 절 마당의 탑과 감나무는 흐릿한 배경이 되고, 대신 그 앞을 수놓은 수양버들 복숭아나무가 진분홍 자태를 뽐내고 있었다.

 스님의 노래에서 "발이 부르틀 때까지 찾아 헤맨 봄은 내 안에 있었다."라는 진리와 함께, 고요한 절을 수놓은 나의 이름이 내 안의 봄을 대표하며 사방으로 울려 퍼지고 있었다.

마음의 빛 사리를 뒤로하고 합장하며 절을 나와 다시 선 길에서 스피커를 통하여 나오는 스님의 독경을 가만히 들어보았다.

그 편안한 음성과 메시지가 발걸음을 쉽사리 떼지 못하게 하였다. 바닥을 수놓은 벚꽃 이불을 바라보며 발은 집으로, 귀는 여전히 스님의 독경을 쫓고 있었다.

"화엄성중, 화엄성중…"

저 산 저 멀리 저 언덕에는

...

 가을에는 어느 오름을 갈까? 고민이 된다면 무조건 민오름을 가라고 한다. 오름은 몽골어로 '단독으로 하나씩 솟아오른 산'을 의미하며 몽골어로는 '오롬'이라고 부르고, 산맥과 연결된 오름은 '노루'라고 부른다.

 민오름 가는 길에 간단하게 오른 '절물오름[41]'의 '절물'은 '절기에 물을 맞으러 가자'라는 뜻이라고 한다. 할머니께서 살아계실 때, 백중날[42]이 되면 창포물에 머리를 감고 시원하게 내리는 바닷가 주변 담수 폭포에서 건강을 기원하면서 물을 맞곤 하셨다. 왜 그런지는 몰랐지만 무조건 따라 했던 기억이 난다.

 오늘 산행에서 그 고운 자태를 보여준 '변산 바람꽃'은 세모시 적삼을 입고 물맞이하러 가는 제주 비바리들 같다. 하늘하늘 부드러운 바람과 함께 오셔서 '변산 바람꽃'이라 했는가?

 교수님 말씀에 의하면, 봄에 오름에 오르면 별처럼 피어난 봄꽃들의 향연에 술 없이도 취할 정도라고 한다.

---

41) '절물자연휴양림', '큰대나오름', '족은대나오름' 두 봉우리로 이루어짐.
42) 음력 7월15일, 세 벌 김매기가 끝난 후 여름철 휴한기에 휴식을 취하고, 음식과 술을 나누어 먹는 날

"아, 오름에도 별들이 반짝이는구나."

오늘은 아주 만나기 어렵다는 분홍 노루귀도 조우했다.

꿩의 바람꽃   분홍 노루귀   들판의 별 복수초

'절물오름'에서 본 한라산은 제주의 모든 오름을 품은 듯 멀리서 포용적이고 당당하게 내려다보았다. 이 오름에서 가장 아름다운 꽃은 단연코 별처럼 피어난 '복수초'라고 한다.

설명하시는 교수님께서 산을 오르는 사람에게 필수인 '소녀의 꿈' 노래를 준비해 오셔서 함께 불러보았다. '노래와 산행은 항상 함께여야 한다.'라며 다음 주에는 색소폰을 연주하시는 분께서 함께 오셔서 이 노래를 연주까지 해주신다고 한다. 고혈압, 당뇨병 예방을 위해 노래를 꼭 부르라고 하신다.

아련한 봄의 들판을 연상시키는 이 동요를 질병 예방을 위해 산에 온 김에 큰 소리로 함께 불렀다. 우리의 합창은 꽃처럼 피어나 산의 메아리가 되었다.

메아리만 산에 두고 집에 와서 자랑하려고 이 노래를 틀어 주었더니, 1950년대 아리따운 북한 여가수 분위기 난다고 한참을 웃는다. 북한풍으로 부르신 분의 목소리는 상당히 인위적이나, 혼자서 산에 남아 있을 꽃에 대한 아련한 그리움을 자아내면서 또다시 내 마음을 오름으로 향하게 하였다.

선으로 자리 잡은 꽃잎은 둥글게, 위로 뿌리며 빗발쳐 나가고 다른 꽃잎을 떠받치기 위해 구부려져 휘돌아 내리다 번쩍 고개 들어 하늘을 품기도 한다.

꽃이 줄기에 비해 커서 휘어지겠다. 활짝 핀 꽃에 밀려 아직 피어보지 못한 봉오리는 43)쫍짝헌 자리에 지쳐 아래로 무게가 쏠린다.

꽃잎 속 가느다란 보라와 흰색 실핏줄이 사람의 그것처럼 섬세하여, 세밀한 선과 색으로 동맥과 정맥이 드러나도록 표현한다.

---

43) '비좁은'의 제주어

단풍은 꽃처럼

...

'천아오름'44)에 가려면 '천아계곡'으로 주소를 검색해야 길을 잃지 않는다. 대중교통을 이용하려면 한라산 둘레길 버스 정류장에서 내려 도보로 15분쯤 걸어 들어가면 된다. 오가는 길이 거의 일방통행이라 차를 돌려서 나올 방법을 고민해야 하는데, 끝까지 들어가면 주차장을 만날 수는 있다.

단풍이 꽃처럼 지나간다. 잎이 그 수명을 다하여 떨어지기 전 안간힘을 쓰며 제빛을 발하여 주변을 밝힌다.

여름에는 푸르름으로 젊음을 자랑해서 아름다웠고, 이별의 순간에는 빨강, 노랑 고운 빛을 끌어내며 그 연륜을 반영하는 듯 아름다움을 더한다.

한 치의 아쉬움도 없이 원래의 자리로 돌아가기 전, 그 아름다움은 처절하고도 조용한 이별을 노래한다.

---

44) 제주시와 애월읍의 경계를 이루며 계곡 안에 우거진 온대림은 참꽃나무와 낙엽활엽수의 단풍 등으로 경승이 빼어난 곳

철새들아, 어디가맨?

...

  오랫동안 그려온 하도리 철새도래지 새들에게 눈을 주었다. 새에게서 눈동자를 찾기는 어려웠다. 다만 어슴푸레 '그쯤이 눈인가'라고 짐작될 뿐.

  그의 눈은 얼굴로, 입술로 연결되어 가장 다채로운 빛깔을 가졌다. 그 눈빛 속에 감춰진 무표정에 세파를 견뎌온 무정함이 감춰져 있는 듯 즐거운지, 슬픈지, 괴로운지, 추운지, 명확하게 읽어내기 힘들다. 다만 부리로 어딘가로 향하고 있는가하는 방향성만 알려준다.

  어쩌다 눈에 스친 하얀 물감이 눈동자가 되었다. 갑자기 얼굴에 생기가 돌면서 이제야 나와 연결되어, 의사소통이 되는 듯하다. 그 붉은 입술 또한 놀라운 생동감을 뿜어낸다.

  갈대를 배경으로 황혼 속에 녹아드는 새들에게 일일이 그림자가 따라붙는다. 그림자는 쉴 새가 없다. 새가 움직이면 곧바로 따라가야 하니까.

  무언가를 빛나게 하려면 또 다른 무언가는 어둠으로 승화된다.

노을 레드카펫을 즈려밟다

...

  오늘은 내가 좋아하는 애월 해안도로를 타고 한림읍 월령리 해수욕장까지 쭈욱 미끄러져 왔다. 지난주 목욕탕에서 미끄러질 때만큼 아찔하게, 이상한 나라의 앨리스처럼 빨려 들어와 노을을 기다렸다.

  그가 올 때까지 맨발로 해변과 데이트를 즐기려 해 보았으나, 바다는 가는 여름을 아쉬워 붙들고 있는 수많은 연인들로 인해 나까지 감당하지 못할 만큼 지쳐있었다.

  "그래, 나라도 휴식을 주자."라며 포기하고 돌아서다가 못내 아쉬운 마음에 해가 질 무렵까지 기다렸다.

  한 시간 정도 기다리면 될까?

  결국, 푹신한 노을 카펫을 맨발로 사뿐히 즈려밟은 날, 선물은 날개가 아니라 꾸러미로 쏟아진다는 사실을 실감했다.

  오늘 노을은 특이했다. 자연이 만들어낸 난생처음 보는 색의 조화가 포근하게 나를 감싸 안았다. 일층, 푹신한 보랏빛 모래, 2층, 황혼빛 노을, 옥상, 하루 일을 마치고 돌아가는 포근한 휴식의 밤이 단계별로 찬란한 내일의 부활을 품고 있었다.

어떻게 이 마음을 그릴까!

월령리 해변에 놀러 왔던 어떤 어머니와 아들이 우연히 카메라 안으로 출연해서 도와주었다. 포근한 일몰에 안기려 바다로 뛰어가는 아이를 걱정 반, 즐거움 반의 시선으로 쫓아가는 젊은 엄마의 마음을 수용해 주는 사람을 풍요의 여신인 자청비[45])로 정했다.

그러나 그림의 주인공이 너무 많았다. 모두가 주인공이 되고 싶어 하지만 누구를, 어떻게 단순화해야 최종적으로 주인공을 돋보이게 할 수 있을지 고민이 되었다.

'누군가는 어둠이 되어야 나머지가 빛이 될 수 있다. 빛과 그림자, 삶과 죽음, 그들은 공존하며 그림이 된다.'

노을에 반사된 아들과 어머니는 검은 실루엣, 모랫바닥은 깊은 보랏빛으로 처리하니, 노을이 더욱 불타오르며 울렁거리던 그림이 진정되었다. 단순화로 보는 이의 입장에서 해석 범위와 상상의 여지를 남겨두었다.

---

45) 제주도 농업 신 세 명 중 하나, 농업 사회에서 연애와 사랑을 상징하는 여신이라는 해설도 있음

세월 소곱 길의 유화 129

이호, 그 밤의 빛깔

...

 그 봄에도 어김없이 겨우내 참았던 꽃들이 찌뿌둥한 땅을 가르고 몸부림으로 환호하며, 변화하는 색과 조용한 함성으로 개화를 알렸다.

 겨울의 잔재에 항거하며 그동안 못 입었던 화사한 옷을 입기로 한 날부터 시작한 그림 '그 밤의 빛깔'은 피고 지는 꽃들과 청춘의 바다를 가로질러, 하얀 포말이 부서지는 겨울 무렵에야 마무리되었다.

 밤 물결과 함께 일렁이는 건축물의 색, 자연이 그려낸 총천연색 인공조명을 표현하기란 생각보다 쉽지 않았다.

 태양 빛이 사라지면서 하나둘씩 켜지는 건물 조명을 따라 바닷물도 고스란히 같은 조명을 밝혔다. 빛과 어둠으로 구성된 일시적 인공과 자연의 결합을 어떻게 채색할지 고민 되었다.

 어두운색부터 칠해서 윤곽을 잡고, 어두운색 중에 보다 어두운 색을 더 어두운 부분에, 조금 더 경계가 필요한 곳에는 하얀색을 써서 표현했다.

인간이 사는 윗동네의 향기를 반영한 물빛 아랫동네는 구분된 것처럼 보이지만, 그 색과 모양, 위치가 묘하게 연결을 요구했다.

자연은 인공이 스며든 물빛을 조건 없이 받아들이고, 자신 또한 그에 결합시키는 놀라운 예술가였다. 쉬운 듯 놀라운 포용적 수용, 사진이 아니라 그림으로 조금이라도 접근하고 싶었다.

잔잔한 물결은 붓을 가늘게 가로로 눕혀서 그어주었고 옆으로는 섬처럼 고요한 점을 찍어주었으며, 세로 물결 모양으로 하얀 물감을 물방울 흘러내리듯 주르르 내려주기 위해 호흡을 가다듬었다.

파도를 기다리는 surfer

이호포구의 어스름

파도를 기다리는 Surfer처럼 '이호'의 시간은 흘러갔다. 한때는 바다 속 세상의 존재에 환호하며 스킨스쿠버 다이빙을 배우려고 했다. 그러나 나의 호흡은 산소통을 메고 30m 아래로까지 내려가기를 허락하지 않았다. 대신 바다를 타고 다니고 싶어서 Surfing을 배웠다.

Surfing의 묘미는 때를 기다리는 것이다. 나에게 어울리는 속도와 높이로 파도가 밀려올 때, 가장 정확한 지점에서 한 치의 실수도 없이 boarding 하는 순간, 가장 멋진 나를 바다에 띄울 수 있다.

하늘에는 아직 분홍빛 석양의 잔재가 남아 있는데 하나둘씩 켜지는 인간의 불빛이 찬란했던 태양의 자리를 대신하며 고즈넉한 밤이 선물처럼 다가왔다.

아이는 장난감을, 젊은이는 사랑을, 그리고 노인은 젊음을 낚으러 '이호' 해변에 온다.

아버지와 산타 할아버지

...

 우리 집은 양파와 양배추를 주로 재배하였다. 7, 8월에 모종을 심어서 계속 물을 주어야 어린 싹들이 자라게 되는데, 어떤 해에는 날이 몹시 가물었고, 낮에 수돗물 공급도 원활하지 않아서, 아버지는 밤늦게까지 물을 주어야 했다.

 물주기를 마치는 시간과 내가 좋아하는 "TV 명화극장" 방영 시간이 겹쳐서 미안한 마음을 무릅쓰고, 물 주느라 젖은 옷을 견디셨던 아버지와는 아랑곳없이 밤늦게까지 영화를 즐겼다. 대학교도 졸업한 딸이 아무 계획도 없이 TV만 보니 참 한심스러웠을 것이다.

 중학교에 다닐 때도 부모님께서는 여름철에 해가 중천에 올라오면 일하기 힘들어서, 새벽 4시면 콩을 수확하러 밭에 가셨다. 미안한 마음이 앞서, 콩 따러 같이 가겠다고 약속해 놓고, 늦게까지 TV를 보고 나서 천근만근 육신을 끌고 밭에 가는 발걸음은 그 어려운 농사로부터의 탈출을 꿈꾸게 했다.

 양파와 양배추를 수확할 때도 언제면 이 작업이 끝나는지를 끊임없이 아버지께 질문했던 기억이 난다. 그럴 때마다 아버지의 훌륭한 답변은 "가능하다면, 끝없이 수확하면 좋겠다." 였다.

당시 최고의 식단인 "46)곤밥에 옥돔"을 먹을 수 있었던 제 삿날을 손꼽아 기다렸을 정도로 어려웠던, 47)새마을 운동이 한참이던 시절, 어느 날, 어머니께서 라면을 끓여주셨는데, 국수가 반 이상이었다. 그 당시, 라면은 아주 귀한 음식이었고, 음식 욕심이 많았던 나는 가장 큰 국수 그릇 앞에 앉아서 오빠들에게 양보하지 않았다.

  먹어도, 먹어도 나의 조그만 배는 용량의 두 배 이상 되는 국수를 감당하지 못했다. 슬그머니 일어나 할아버지 집으로 도망쳐 피신해 있는 나를 오빠들이 찾아 나서 수색하는 소리는 국수 그릇보다도 더 큰 공포였다. 결국, 발각되어서 남긴 음식을 마저 먹으라고 핀잔을 들었고, 유일한 딸이었던 나에 대한 남녀 차별로 느껴져서 미안하기보다 억울한 마음이 앞서기도 하였다.

  내일이 아버지 생신이라고 큰오빠에게서 카톡이 왔다. 살아계신다면 102세인 '아버지와 참새' 이야기를 들려주셨다. 어렵던 시절, 자식들에게 단백질 보충을 해주기 위해 실행했던 눈물겨운 노력에 관한 이야기였다.

  마당에 좁쌀을 뿌린 후, 그 옆에 줄을 연결한 판을 매날아 두었다가 참새들이 조잘거리며 좁쌀을 쪼아 먹는 순간 줄을 잡아당겨 날아가는 새도 잡았다고 한다.

---

46) '쌀밥'의 제주어
47) 1970년 초 농촌 현대화를 위해 시작된 풀뿌리 지역사회 개발 운동

어쨌든, 부모님은 우리 삼 남매를 위한 기초 식량 준비와 교육을 위한 끊임없는 고민을 해결하고자 평생을 바람 부는 모래땅과 거친 바다를 마주하셨다.

6·25 참전용사로 거제도 포로수용소에서 근무하셨던 아버지는 한라산 자락에 자리한 국립묘지 '호국원'에 어머니와 함께 안장되셨다. 정복을 갖춘 군인들의 안내와 엄숙한 연주곡으로 부모님을 보내며 어려운 시절을 살아내신 그분들의 삶 자체가 국가와 자손을 위한 헌신과 희생이었다는 생각이 들었다.

다른 부모님들의 자녀들만 찾아오면 우리 부모님이 섭섭하지 않겠냐고 하면서 어버이날마다 묘소를 방문하자고 하는 의견도 있었지만, 사후에도 다른 사람과 비교할 수 있는 세상인지를 몰라서, 나는 그냥 부모님이 보고 싶을 때 찾아뵙기로 했다.

예수님께서 오시기 전날, 산타 할아버지처럼 세상에 오셔서 우리 삼 남매에게 매일매일 선물로 나타나셨던 분, 나의 아버지, 많이 보고 싶네요.

세월 소곱 길의 유화 137

함께 빛나라 이팔청춘

...

고등학교 동창회가 '28회'여서 '영원한 이팔청춘'으로 우리를 부르기로 했다. 매년 여행사를 하는 친구와 임원진이 의논하여 육지로 여행을 간다. 해가 갈수록 그 열기는 더해가고 많은 사진과 추억이 쌓인다.

올해의 테마는 '추억의 교복 여행길'이다. 친구들과 함께 교복을 빌려 입고 열여섯 청춘에 하지 않았던 '일탈'을 그림으로 담아 보았다. '지금은 가진 것 비록 적어도'라는 그림 제목은 "청춘이라 가난했다"라는 변명을 할 수도 있지만 무어라 표현할 수 없는 비굴함과 당당함이 함께 들어있다. 줄 것도 받을 것도 없었던 그런 가난한 시절이었다고 하면 슬프기도 하다.

이른 새벽에 샌드위치에 요구르트를 마시고 '희'가 기부한 '가을가을'한 스카프를 날리며 청춘여행에 입장했어. 날씨는 왜 그다지도 좋았는지 이불자락도 바삭하게 건조될 듯한 햇볕은 쨍쨍, 모래알은 반짝반짝한 그런 날이었지. 구름 위로 날으며 신선이 유유자적하던 선유도로 날아가는 것처럼 느꼈어.

동새백이 샌드위치에 요구르트 마셩, 희가 희사헌 가을가을 스카프를 날리멍 청춘여행에 입장핸. 날씨는 무사 경 좋아신지 이불자락도 소락이 말라붐직헌 뽙은 과랑과랑 모살은 빈직빈직헌 경헌 날이엇주. 구름 우터레 놀으멍 신선이 유유자적하던 선유도로 날아감구나 느꼈주게.

　이 가을날 처음으로 구경한 곳은, 땀나던 여름이 끝난 바로 다음날 갑자기 추워진 날씨로 준비기간도 없이 단풍이 되어야 해서 힘들었던 내소사의 단풍을 보러 간 거야.

　간 김에 단풍하고 내소사 건축양식까지 보면서 님도 보고 뽕도 땄어. 단풍만큼이나 노란 스카프 휘날리며 내소사를 휩쓸어버렸지. 부처님께서 아량으로 봐주시고 계셨어.

　이 ᄀ슬날, 처음 구경헌 디는 똠나던 여름이 끝난 바로 다음날 확 추워진 날씨로 준비도 못허영 단풍이 되젠허난 힘들었던 내소사 단풍을 보레 간거라. 단풍허고 내소사 건축양식도 혼디 보멍 님도 보고 뽕도 따부런. 단풍만큼 노랑헌 스카프 휘날리멍 내소사를 휩쓸어부런. 부처님께서 아량으로 봐주셤서라게.

　우리의 여행을 기획하고 운영해준 친구 '김대표님'이 배려해준 덕에 작년과 같이 의자가 푹신하고 넉넉한 버스를 타고,

'춘이'의 구수한 사는 이야기부터 시작해서 버스 뒤쪽에 앉은 껌 씹는 척하지만 순진한 아주머니들까지 모두 한마디씩 이야기보따리를 풀어내주어서 모두 행복했어.

우리의 여행을 기획하고 운영해준 친구 '김대표님'이 배려봐줘부난 작년과 ㄱ치 의자가 푹신허멍 넉넉헌 버스 탕, '춘이'의 구수한 사는 얘기부터 시작 허영에 저 버스 뒤터레 앉은 껌 씹는 첵허주마는 순진헌 아지망들꼬지 ㅁ딱 혼마디씩 이야기보따리를 풀어부난 ㅁ딱 행복했쪄.

우리 친구 '라'가 이른 새벽부터 삶는다, 썬다, 참기름에 넣는다 하면서 가져온 소라 정성만으로도 배불렀는데, 그저 먹인다, 사랑한다, 넘치는 마음으로 우리 밥 가득 더 먹으라고 해준 그 마음 많이 고마워.

우리 친구 '라'가 동새백이부터 쏠마간다, 썰어간다, 춤기름에 들이쳐간다 행 가정온 소라정성만으로도 배불러신디, 그자 멕여간다 사랑허여간다. 넘치는 ㅁ심으로 우리 밥 뽕끄랭이 더 먹으랜 허는 그 ㅁ심 하영 고마워.

몇 시간 잠도 안 잤는데 이른 새벽에 또 일어나서 아메리카노 마신다, 사진 찍는다 하다 보니 둘째 날도 순식간에 지나가고, 막걸리까지 만들며 노래 부르며 체험 결과인 와인까지 비행기에 실어서 왔지. 일본 사람들 살던 동네 골목 누비면서 만세삼창도 했잖니? 또다시 그런 일 없어야지.

몇 시간 눈도 안 붙여신디 동새백이 또 일어낭들 아멩이나 카분 차 마셔간다, 사진 찍어간다 허당보난 둘째 날도 순삭, 막걸리까지 맹글멍, 노래불르멍 체험 결과 와인꼬지 비행기에 태왕 와시네게. 일본 사름덜 살던 동네 골목 누비멍 만세삼창도 했쪄게. 또시 그딴 일 어서사주게이.

청춘열차의 종착역 기찻길 옆 추억 교복 여행길에 도착했지. 이거 입어봐, 저거 입어봐, 친구 괴롭히는 척해봐, 시키는 대로 하다 보니 제주도 언니들이 기찻길도 접수해버렸지. 해는 지고, 스카프 쓰고 단체 사진 찍고, 이틀이 웃음과 행복의 도가니였어.

청춘열차의 종착역 기찻길 옆 추억교복 여행길에 도착핸. 이거 입으라, 저거 입으라, 친구 괴롭히는 첵허라, 시키는대로 허당보난, 제주도 언니들이 기찻길도 접수해져서라. 해는 지고, 보따리 둘리썽, 단체시진 찍고, 이틀이 웃음과 행복의 도가니였쪄.

우리 나이에 젊게 살면서 건강하게 청춘여행 이어나가자는 의견들이 제일 많이 올라왔어. 우리 사진사님들과 모델의 예술혼은 불꽃이 되어 이틀을 수놓았어. 무슨 영화제 수상소감도 아닌데, 자꾸 고맙다고 말해줄 친구들 떠오르지만 훗날, 돌아오는 을사년에 여행하면서 다시 세상을 웃음으로 수놓자.

 우리 나이에 젊게살멍, 건강허게 청춘여행 이어나가자는 의견들이 젤로 하영 올라완. 우리 사진사님들과 모델의 예술혼은 불꽃이 되영 이틀을 수놓았쩌. 무신 영화제 수상소감도 아닌디, 자꾸 고맙댄 고라줄 친구들 떠올람주마는 이루후제 돌아오는 을사년에 여행허멍 도시 세상을 웃음으로 수놓게이.

못다 한 말

...

　할아버지가 이웃 마을에서 이사와 세 채의 집을 짓고, 아버지와 작은아버지와 함께 살았던 작은 동산에 그 아들들의 아이들이 또 꿈을 짓고, 또 그 아이들의 아이들이 꿈을 꾸고, 꿈처럼 이어질 세월 소곱 길, 들여다볼수록 아름답습니다.

　나의 부모님은 할아버지로부터 받은 집을 고치고, 꾸미고, 자손들에게 남겨주셨습니다. 누구보다 화려했고, 다채로웠던 유년의 뜰에서, 나를 키워주었고, 위로해 주었던 고향의 향기를 유산으로 물려주셨지요.

　이 땅에서 꿋꿋하고 당찬 제주 사람으로 살아가는 것을 목표로, 조금 더 욕심을 낸다면 남쪽으로 창을 내서, 바다 내음과 속삭이는 햇살을 창틀 액자 속으로 들여놓고, 매일 매일 달라지는 시간을 음미하며 사는 것이 나의 소박하고도 원대한 꿈입니다.

　퇴근길, 한라산 방면 빨간 신호등이 비처럼 쏟아집니다. 쉼 없이 달려온 길, 신호등 덕분에 천천히 되새김질도 하고, 긴 심호흡을 하기도 하지요.

동서로 달리는 차들은 남쪽으로 달리는 나를 지나쳐가고, 나는 그들이 지나가길 기다리며 잠시 쉽니다.

"신호등비가 내리네, 당신이 흐르는 지금."

긴 호흡으로 내일의 아침 해를 들이마실 준비를 합니다.

부모님 생전에 함께하고 싶었던 이야기를 책이라는 종합 선물로 묶어서 이제 서야 올립니다. 아울러, 그림이라는 영역으로 인생의 즐거움을 추가해주신 제주대학교 평생교육원 한용국 교수님께 감사의 말씀을 드립니다.

Oil Paintings of the Deep Passage of Time
- Walk and Paint the Season and the Spring

Author's Note

"Where are you going?"
This is a common greeting in Jeju, where I was born and raised. It conveys the heartfelt wish for everyone's safe return, reflecting our deep-rooted dependence on the sea for our livelihood.

Even in such a harsh environment, the spirit of mutual care among the people of Jeju is closely linked to the indomitable vitality of my parents' generation that was never broken in the tragedies of the Korean War and the 4·3 Incident, which endangered their lives.

I have attempted to illustrate how the pain of the past, which must never be forgotten, is connected to the present and could lay the foundations for future growth. I have also carefully captured the small joys and sorrows of our daily lives today, as well as the comfort offered by Jeju's unchanging natural beauty.

It took me many years to realise that my parents' hard lives were themselves a poem and a painting in themselves.

I have added these storytelling paintings to capture the deep emotions and beauty of the moment, which cannot be fully conveyed in words.

May you linger a while in the embrace of Jeju's history and nature, empathising deeply with the diverse lives you encounter along the way and finding solace in the warmth of the place.

May the layered colours, like an oil painting, convey the traces of time and the sentiment of a warm spring day.

Grandmother's Stroller

I captured the home of an elderly couple, whose names I do not know, in Gwideok-ri on canvas.

Recalling the three houses that stood side by side on the sandy plot of land, which I remember from my childhood and which may have been the living quarters of my ancestors tens of thousands of years ago, and the spring days when the peach blossom was in full bloom, I sketched the couple's house and coloured it light pink and green.

As darkness fell, the unusually white paper doors glowed warmly, as if painted with a brushstroke of orange twilight reminiscent of a bride's blush.

Grandmother's stroller, which she leaned on while walking, was parked in the yard, and a basin was placed on the porch, suggesting that she was preparing dinner for her husband inside.

I painted the peach blossoms that had once bloomed vibrantly in the backyard of my childhood home, their pale and deep pink colours competing with each other. Now, I painted the bright colour on the left-hand side of Grandmother's courtyard, which diluted the deep twilight shadows.

Peach blossom fell in long strands along the stone wall, while the orange sunset coloured the right-hand side of the kitchen wall. The gentle breeze sweeping across the courtyard whispered the promise of spring, hinting at its imminent arrival.

'Spring is coming soon.~'

The new season dyed the trace of twilight pink; people and life — fascinating and charming subjects for paintings and stories — were dyed the same colour.

I hope the elderly couple inside the window are enjoying a peaceful evening.

My Hometown, Where Spring Water Gushes forth
...

Women doing laundry

When I feel like taking a break, I drive to the coast. Although the whole island is my hometown, I find myself drawn to the western coast more often than not. I can relax in the sheltered embrace of that little bay, where I used to run and play while gazing at the lighthouse.

In those days, I would climb the highest stone wall to practise diving and challenge myself to see how long I could stay underwater. After a busy day of swimming and drying off on the dry stone walls, followed by a wash in spring water at the women's bathhouse to remove the seawater, hunger and darkness would set in.

On my way home in the dark, I would worry about my parents' nagging questions, tinged with concern. They must have been anxious about my lack of contact.

As always, upon my return home, my parents' reassuring scolding could be summed up in one sentence: 'Didn't you eat at Uncle Sam's house next to the beach?'

Uncle Sam's house, which was the closest to the beach, has now been converted into a small restaurant for tourists. The women's bathhouse, which could be seen from the restaurant's terrace with an ocean view, has been incorporated into the view from the restaurant.

On cold winter days, I used to accompany my mother to wash kimchi ingredients, warming our cold hands in the process. Before running water reached in the elementary school days, people would gather around the spring to do laundry and chat. Carrying water in pots to my grandmother's house is now just a memory.

Nowadays, nobody uses the women's bathhouse for bathing or doing laundry. Until a few years ago, the neighbourhood respected it as a place where women could bathe and socialise. However, since commercial facilities were built overlooking the bathhouse, nobody has come here anymore, presumably because it is no longer considered safe.

I slowly turn around and climb the sandy hill where my grandfather's house, my uncle's house and my family's house stand side by side.

I summon the memories of the backyard where I played 'Gonggi' with my cousins, the imaginary battlefield where we played 'Land Grab' game, the courtyard of my grandfather's house where we twisted the thatched ropes to tie down the roofs of the buildings, the stone-built shed that looked better than any human-made home, and the dreamy eyes of the cow that lived in it.

I also remember the handmade tofu and sweet potato rice that my grandmother made with her own hands, the conversations with my grandfather by the fireplace, the neighbour who visited every day without fail, and the old television that showed everything from wrestler Kim Il's boxing skills to the news of First Lady Yuk's death.

Whenever I stand in the sandy yard where the salty sea breeze blows through the holes in the stone walls, holding down the yellowish-green grass that my mother planted to prevent the sandy soil from blowing away, I can smell the warm smoke from the traditional kitchen where she used to cook for my family and the farmhands working in the fields. I can also hear my parents voice discussing that day's plans and their children's education in the early morning.

My mother worked hard and devoted herself to raising her children, but she eventually became wheelchair-bound in her late old days. When I think about how dedicated she was, I feel so sorry for her. Parents often burn themselves out for their children without even realising it.

Occasionally, I visit the empty house that was once my playground and the setting for my dreams. I gently touch the neglected leaves and gaze at the grey stone walls and the blue sea, which still holds my parents' breath. I can hear laughter from the kitchen, the sounds of cooking and conversation, and the warmth of loving smiles and whispers.

"Are you still doing well, my daughter?"

I miss those days so much it hurts — they can never come back.

Swimming against the Current in Search of Something to Eat

...

Recalling 'my mom' & the 'mel' fish with a cup of coffee

The Jeju Sea is home to many fish, especially 'mel's. The main side dishes I remember from my childhood were braised 'jari' fish and 'mel' soup. During the summer, shoals of 'mel' with iridescent scales like fireflies would gather at the port and villagers would rush to the sea to catch them. They would hang pots in front of the breakwater and boil the 'mel' to make dried anchovies.

If someone says, "There are a lot of 'mel's on your bus," it means that there are no seats left for passengers due to so many guests ('seat' is a homonym of 'Jari' fish in Korean). The 'mel's from Mosulpo in the west of Jeju are famous for their bold yet chewy flavour, developed from surviving the area's strong currents and winds.

When it comes to 'dom', the red tilefish from Seongsanpo in Jeju is considered the best of all. The Jeju people regard it as the finest fish and simply call it 'fish', reflecting their strong affection for it — so much so that they don't consider other fish to be 'true' fish.

The final test for a bride to be recognised as a true Jeju daughter-in-law is whether she can overcome the fishy smell of 'okdom miyeokguk' (red tilefish seaweed soup) and enjoy eating it.

Seongsanpo and Mosulpo are two sharp, pointed regions that would meet if the Jeju map was folded into half. It is believed that both people and fish adapt to and overcome harsh environments to become the best.

"You should marry into a family of divers," my parents teased, linking my love of fish to my future spouse. At that moment, I had already passed the test to become a Jeju daughter-in-law.

I remember that, when my father was on his deathbed and had lost his appetite, I bought him his favourite dish: 'jari mulhwoe'. However, it tasted different to the dish he used to make for us: tough fish bones softened and seasoned with soybean paste and garlic to mask the smell of fish. He couldn't finish it.

In May, when the fish flop in the water, I miss my father's big heart when he returned to the port with food for his children.

Father, every May, I want to cook you a refreshing bowl of 'raw fish soup' made with your secret recipe.

His and My 'Seop-seom' Island

...

Seogwipo is a cosy harbour wrapped mysteriously in green jungle vines, making it as hard to approach as a humid bathhouse. Yet once you enter, it draws you back to a state of bare, childlike innocence.

Perhaps because the temperature in Seogwipo is slightly higher than in Jeju City, the people seem a little more relaxed. Visiting Seogwipo occasionally puts my heart at ease and I find myself walking slowly, step by step.

A few years ago, I took a photo of 'Seop-seom' island from the rooftop of the Lee Jung-seop Art Museum, where the eponymous painter created his famous work of the same name. The island was supposedly called

'Forest Island' because it was densely wooded, but it became known as 'Seop-seom' island. In the Jeju dialect, 'seop' can mean 'leaves' rather than 'forest'. In the Jeju dialect, 'nangseop' means 'tree leaves'.

I like Lee Jung-seop's paintings, which stem from his connection to Jeju and his simple way of life. I especially love his 'silver paper paintings', created using the backs of cigarette packets when he lacked proper art supplies. Perhaps it's because the closeness and simplicity of the families in his paintings reminds me of my own childhood.

Visiting the Lee Jung-seop Museum and his birthplace, both of which are imbued with the artist's spirit, somehow forged a connection with him for me. Ultimately, I dared to incorporate the artist's gaze, which once beheld 'Seop-seom' island from that very spot, into my own 'Seop-seom' island.

Through 'His and My Seop-seom, island' I seek to draw out a coexistence and connection that transcends time, and to imagine the 'Seop-seom' island in the future.

I speak to 'Seop-seom' island, bearing the white traces of life left by birds on its head and the white foam rippling on the calm waters of the Seogwipo Sea.

"What was it like back then?"

The Sea Wiped away the Girl's Tears

...

On a bright autumn day, It was so short that it could only be called 'gal' rather than 'gaeul', I watched a haenyeo[48] cultural performance held at Hado Beach.

With Udo Island to the left and Seongsan Sunrise Peak to the right, the crowd gathered in small groups while the haenyeo performance team played together like children on the 'sand stage' at Hado Beach, where 'mats had been laid out.'[49]

The shared theme was the lives of the women divers. The story was about a young girl who knew nothing and

---

48) a woman diver
49) This is a Korean proverb meaning 'to provide an opportunity or create an environment for someone to do as they wish for the sake of another'.

plunged into the 'sea' to survive. However, the sea was the only thing that became her mother, wiping her tears and laughing with her.

I am a mother!
I am a woman diver!

How much heartache and anguish must she have endured before the sea wiped away the young girl's tears and she embraced her destiny?

How many times must she have drawn a breath of relief while sitting on the 'bul-teok'[50], clutching her catch and exhaling the 'sumbi-sori'[51], before she could smile at the sea?

This reminds me of a time years ago when I participated in a training course to learn skin scuba diving. On the purpose of viewing deep-sea creatures, In a shallow pool, I strapped on a heavy oxygen tank and donned a rubber suit, and practised sharing oxygen with my buddy. However,

---

50) A seaside spot surrounded by low stone walls, designed to allow woman divers to warm up and rest briefly by a small bonfire.
51) sound of spitting out the breath-holding

when they told me to enter the deep water, I simply couldn't do it and went home.

Diving was one of those things I never managed to master, no matter how hard I tried. This made me understand just a little how desperately woman divers must have needed that 'sound of spitting out the breath-holding'.

I was truly grateful to those who transformed the life of a Jeju woman, mother, head of the household and breadwinner into art. It was a beautiful performance in which nature, humanity and history intertwined: a girl becoming a mother and a haenyeo, and the sea itself, evoking both tears and laughter.

On the way back, the Hadoori migratory bird sanctuary was briefly home to various species of migratory bird, as it had been all year. Where might they be heading during this Indian summer?

I hope they found even a moment of peace.

The Growth of Tangerines and Kiwis

...

Some seem to think they are root plants, burying their heads in the soil. Others teeter on the verge of touching the ground. Those unable to bear their own weight strike a deal with the earth, rotting away to become fertiliser. Eventually, they become the soil itself, providing a womb for next year's fruit.

Then there are the tangerines, which boast exemplary growth in the perfect spots. Those that are the right size and colour and in the perfect position are called 'premium produce'. In days gone by, they would have been offered to the king; now, they are carefully picked, elegantly packaged, and flown to discerning buyers on the mainland.

Where a fruit tree grows and how much nourishment the soil provides ultimately determines its fate. The earth offers every child an equal chance, yet sometimes the assigned fate cannot be ignored.

However, tangerines that stretch their roots towards

nutrient-rich, sun-drenched spots to reach the full benefits of the soil yield different results.

Conversely, the 'big orange' that grows excessively large from receiving ample nourishment fails to command its worth as a commodity. Though its flavour is supreme, consumers fail to recognise its true value. It's sometimes regrettable, but people tend to regard the standard as the best.

Some tangerines simply pass me by; they urge me to pick them up and hit me on the head in the process. Others drape me in yellow wreaths of welcome. Bathed in golden light from its patron, the sun, the tangerine is not just yellow; it embodies the sun itself.

Today is a blessed day of rest and recuperation for the land, which has endured the slow pangs of childbirth and will now prepare to give birth to new life again next year.

Thinning Kiwi Shoots   Pollinating Kiwi Flowers

...

Much like raising a baby, kiwis require meticulous care. When the shoots emerge, the first step is to leave one bud per leaf and remove all the rest.

Otherwise, the kiwi fruit on each shoot will grow separately, resulting in smaller fruit. Therefore, only the 'promising shoots' should be left, with the rest being removed early on in order to produce large fruit. Starting from the bottom, ruthlessly remove any weak leaves clinging desperately to the plant, leaving only the top three or four buds.

Finally, when beautiful flowers bloom from the remaining

buds, they must be paired together. This is done by carefully applying pollen to each flower individually. Since they cannot self-pollinate, new life is born through this meticulous human intervention.

As the flowers bloom, the remaining 80% must also be connected without missing the timing. There is a time for everything, and kiwis in particular struggle to bear fruit if the timing is wrong.

His Scent Blooms Like a 'Lovesick Lily'
...

Is it because I drank a weak coffee? Or is it because I'm getting older? After barely sleeping and checking that my children were sleeping well under their blankets, I suddenly realised that the desperate time of the mother thirty years ago was overlapping with my own sleepless hours.

On the way to the home of martyr Yang[52], which we visited as part of a Jeju history tour programme run by a newspaper company, trumpet vines were in full bloom.

---

52) While studying history at Jeju National University in 1991, he set himself on fire to protest against the Jeju Special Development Act. He aimed to protect the environment of Jeju Island and the lives of its residents by raising awareness of the dangers of reckless development. Subsequently, his actions prompted a rethink of the direction of Jeju's development.

Suddenly, a downpour heralding autumn came crashing down, splashing and thudding onto the umbrella.

Though many years had passed since her son's death, the mother's face looked dark and her gaunt body seemed light, as if ashes were settling on her burning heart. His brother, who resembled him greatly, answered the interview questions instead.

They say that the night of 7 November was bitterly cold. Upon hearing the news of his brother's death, he rushed out wearing the same thin clothes he had worn that warm afternoon. Someone took off their own coat and wrapped it around his shivering body. His heart must have trembled with fear and shock beyond imagination. He had never imagined that something he had only seen on the news could become his own reality.

We sat down on the floor, still wearing our wet clothes, and looked at the persimmon tree as her son might have done when he was young. Its fruit, probably still unripe at that time, stood firm against the heavy rain, waiting patiently by the open green gate for him to come home.

For a year after he left, his mother couldn't forget the daily sight of her son entering through that gate. She would linger outside the open gate, waiting.

On the way back, I asked, 'Would her son return?' A single red magic lily bloomed like a camellia, embodying her still-fluttering heart.

Another year had passed swiftly. I decided to paint the gate that I had seen in the rain the previous year, on my way out of an interview. 'Can I capture the mother lingering by the gate in this painting?' I thought about the downpour that had greeted the guest in late summer, the green gate that had waited thirty years for its owner, and the persimmon tree that held the boy's dreams for the future. Yet time still flows on…'

The person is no longer tangible within the traces of time. I prepared the composition to imbue the painting with his scent, but it didn't feel right. I tried painting the rainwater, the moss climbing up the warehouse wall and the faintly visible street beyond the gate, through which the downpour flowed, but he still wouldn't appear.

The distant trees were rendered in alternating deep and pale greens, blurred and indistinct. The neighbour's wall was swept clean and transformed into a stone wall. The green gate was depicted as a thick, chunky iron gate. The warehouse wall was constructed using Jeju stone with visible brushstrokes between the stones.

Rainwater dripped from each eave and scattered towards the persimmon tree. Beyond the open gate, pale green spring light waited.

The Land of Grandmothers and Mothers

...

This year, it has snowed as late as until March. Hallasan Mountain, with its white 'hair' unfurled, freezes the hearts of women awaiting cherry blossom.

During the 'Shin-gu-gan'[53] period, all the gods, including Yeongdeung Halmang (the goddess of the sea and wind who brings an abundant supply of seafood), travel to heaven to report to the Jade Emperor and receive new assignments. Moving house without the gods noticing during this time is called 'moving on a day without any harms'. Most of the year's moves on Jeju Island take place during this time.

According to tradition, if Yeongdeung Halmang arrives wearing warm clothes, a late-winter chill will follow in spring; if she arrives wearing light clothes, however, spring

---

53) Shin-gu-gan: This is the period between the old and the new: the time from the fifth day after Daehan (the coldest day of winter) until three days before the start of spring. This period is considered an auspicious time for moving home and usually falls in late January on Jeju Island.

will be warm. She arrives in Gudeok-ri, Hallim-eup, on the first day of the second lunar month, and leaves Jeju via Udo on the fifteenth day of the same month. If the weather is good during this period, it is said that she will bring her daughter with her, which is said to be an omen of a bountiful harvest that year. This year, it seems that Yeongdeung Halmang is arriving warmly dressed and bringing her daughter-in-law.

According to mythology, Seolmundae Halmang, the third daughter of the Jade Emperor, is a colossal goddess who created Jeju's mountains and oreums (volcanic cones). It is said that she once broke off the top of Hallasan Mountain and threw it, forming Sanbangsan Mountain in Sagye-ri, Andeok-myeon.
This is why the circumferences of Hallasan's Baengnokdam crater and Sanbangsan are nearly identical. Measuring the circumference of both areas as part of a maths project could be fascinating.

She was so enormous that she stood with one foot on Marado Island and one on Gwantal Island, using Udo Island as a washboard. She asked the people of Jeju to make her underwear, promising to build a bridge connecting Jeju to the mainland in return.

However, due to a shortage of fabric, the undergarments were never made, and consequently the bridge was never finished. Seolmundae Halmang is the only deity said to have lived a finite life like humans. According to the myth, she drowned in the 'Muljangori' pond, which has no bottom.

The path around Sanbangsan Mountain is filled with profuse blooms of spring rapeseed flowers and the scents of yellow and pink. This matches the area around the edge of the Baengnokdam crater, where deep pink azaleas bloom in clusters that resemble hydrangeas.

In spring, the Seolmundae maiden wears a skirt adorned with yellow rapeseed flowers along the hem. Beneath her waist is the Sanbgulsa Temple, which is concealed by the skirt. This temple is one of the 'Ten Scenic Views of Yeongju'. Wearing a wreath of deep pink flowers, she gazes distantly towards the mainland.

The earnest longing of the mythical Jeju people, who offered Seolmundae Halmang an undergarment in exchange for connecting them to the mainland, must have been profound. For women of the old Joseon dynasty in particular, the mainland must have seemed like a forbidden dreamland, akin to Iyeodo, as they were prohibited from leaving. the island[54].

The story of Kim Manduk who came to be known as the "righteous woman" on Jeju Island during the Joseon era illustrates how desperate the women of Jeju must have been to connect with the mainland.
When asked by King Jeongjo to express her wishes, she said, "I wish to see Geumgangsan".

Sagye Seaside, where the waters of Sanbangsan Mountain flow into the sea, is a beautiful place where I dream of opening a café that is open all year round. The interior design would reflect the theme of each season, and the café

---

54) Departure Prohibition Order: A policy enacted in 1629 during the mid-Joseon period that prohibited Jeju Islanders from travelling to the mainland. This was prompted by a decline in population, which resulted in reduced tribute in the form of local specialities and military levies.

would embody its unique fragrance.

This spring, gaze out over the vast Pacific Ocean beyond the Brother Islands, as if riding in a time machine with Vivaldi's 'The Four Seasons' softly playing in the background, just like Seolmundae Halmang.

Millet and You

...

Those moments took the breath away from their homeland during the 4.3 Incident at Mudeung-iwat.[55]

In an attempt to ensure that the spirits sleep in peace, some people will create 'serving wine' from the seeds that they planted on that land and nurtured with devotion. This is so that the departed souls may rest in peace, as may the living. They will offer this creation at the memorial ceremony on 3 April next year.

A friend who had weeded the millet fields all summer

---

55) Donggwang-ri, a 300-year-old slash-and-burn farming settlement in Andeok-myeon, Seogwipo City, was completely burned down during the scorched earth operation targeting mid-mountain villages in the Jeju April 3 Incident of 1948, resulting in its loss. At the time, the village was home to 130 households and around 400 people.

played an accordion piece called 'The Land of the South That Never Sleeps', and its sound echoed through 'the ripening millet' on the stone walls of the southern land, softened by the melting sunlight.

Can their epic be captured in a painting?

I attempt to depict the familiar Jeju stone walls, breathing life into each stone and showcasing its three-dimensionality.

I try to capture the three-dimensionality of each stone of the familiar Jeju stone walls. Green, purple, grey and navy blue – stones of every hue come together to form the wall. To emphasise the depth, I add light and shadow. To create a perforated effect, I dab on black and white dots. The dots become lines, and the lines become a painting.

Beyond the wall, lush millet paddies fill the gaps between the stones. Jeju stone walls do not sway in the wind. They merely move with it. They bend to avoid collapse.

As I feel the breath of the artisan's stone wall, swaying yet unshaken, I envision the beautiful island of Jeju.

The sight of playing an accordion evokes memories of a film from my childhood. In it, the headquarters of the independence army were located in a Chinese restaurant, and the story spanned the vast historical stages of China and the Manchurian plains. Just before a gunfight erupted, a musician played the accordion and sang about peaceful daily life. Today, however, the music from the accordion my friend playing evokes memories of splendid days amidst the hardships endured by those who lived through the Jeju 3 April Incident, illuminating those days with brilliant sunlight.

The sparkling sunlight caresses the stone walls that they once saw as fences. The ears of millet, carefully guarded in the paddy fields from the 'weeds' that were pulled on sweltering days, whisper against the stone walls, their heads bowed under the weight of maturity.

The melody, full of agony and comfort, whispers within the heart against the stone walls of the fields in the quiet evening countryside.

"Sleep in peace!"

'The Breath of a Century', Geumseong Church

...

I hurried to the church as soon as I had finished work. The dusky sunset was about to set on the other side of the Earth.

A hundred years ago, on this same day, the sun had undoubtedly passed over this spot. A place where countless lives have passed and continue to pass, gathering and exhaling each person's breath. I tried to capture the countless stories of Geumseong Church in my painting.

Geumseong Chapel, the first indigenous church in Jeju, was built on this site in 1924. It is therefore a church with a history spanning over a hundred years. Though now old and abandoned, the footprints of those who lived nearby remain.

Built as a thatched-roof house in the year my father was born, it was rebuilt in its current form when I was at primary school. It holds the history and stories of far more people than just my own.

The bell tower is the first part of the church to be touched by the sun each day. Seemingly inspired by Western architecture, the church bell must have tolled through countless risings and settings of the sun and countless blooming and fading of mornings and evenings, standardising daily routines. It must have touched the hearts of people, changing with the flow of time — sometimes quietly, sometimes yearningly, sometimes desperately.

Behind the church, situated in the centre of Geumseong Village, the sun still passes by, the passage of time leaves a lot to be desired. The serene sounds of prayer and of people gathering for worship seem to linger, almost audible.

"As the train cuts through the darkness and crosses the

Milky Way, sunlight pours into the space station. The traveller's eyes, seeking happiness, blaze with fire." I have an earworm of this song in my mind whenever I recall childhood memories.

The female protagonist's voice echoed like a reverberation within a Milky Way cave as the animated film journeyed through a fourth-dimensional jungle towards another station.
I thought the endless, repetitive journey would lead to countless unnamed stations stretching to the edge of the universe. Yet, before I knew it, we had passed more than half of the stations and my connection with Geumseong Church had grown strong.

This connection goes back to the sweet scent of the sweets we received at church each Christmas, on the day that Jesus came to bring happiness to the world.

When sweets were scarce, we were content with snacks such as 'dried or steamed sweet potatoes'. So we coveted the sweet potato 'haystack storage', Grandfather's underground treasure trove. So the sweets we could receive at church were the ultimate dream snack for a child in the countryside. Even without understanding religion, Christmas was undoubtedly a blessed day.

The memory of the aeroplane sweets that my mother, who ran a business shuttling between the mainland and Jeju, brought back from trips to Seoul — candies that she never ate herself — mingles with my unceasing tears to this day.

Geumseong Church has been renovated and relocated to a hilltop with splendid views of the surrounding area and other villages, including Gudeok-ri, the hometown of its founding pastor, the independence activist Cho Bong-ho.

Even if Geumseong Church changes in the future, I hope this painting will preserve its current appearance.

Spring Found at the Temple

...

After all the visitors had returned home, having walked in the forest, read books, slept and bathed in the scent of phytoncide, I spent about an hour conversing with the forest and passing the time on a late Sunday afternoon. Feeling that a five-thousand-step walk was too short, I headed towards a nearby temple.

Echoing the idea that cherry blossoms are most beautiful when they scatter rather than when they bloom, the 'cherry blossom mist' surrounding the temple was descending like rain, fluttering onto the road like butterflies.

As I walked slowly in, I came face to face with the persimmon tree and pagoda that adorned the temple courtyard in autumn. The monk took my photo and played Buddhist instruments to wish the couple happiness. As spring's presence grew stronger, the pagoda and persimmon tree in the temple courtyard became a blurred background. Instead, the weeping willow and peach tree in the foreground flaunted their deep pink beauty.

Alongside the monk's words, 'The spring I searched for until my feet swelled was within me', with the sound of my name in the monk's song upon it, representing the spring within me, echoing out in all directions.

Having left the 'sarira' of the mind behind, I bowed with my palms pressed together and stepped out of the temple. Standing on the path back, I listened quietly to the monk's chanting coming through the speakers.

The soothing voice and its message made it hard to take another step. Gazing at the cherry blossom quilt embroidered on the ground, I headed home, but the chanting of the monk still followed me.
He repeated.

"Holy Ones of the Huayan Sutra."

Treading on the Sunset Red Carpet

...

Today, I drove all the way down my favourite coastal road in Aewol to Wolryeongri Beach in Hallim-eup. It was as dizzying as slipping in the bathhouse last week; I was sucked in like Alice in Wonderland and waited for the sunset.

I tried to enjoy a barefoot date with the beach until he arrived, but the sea, weary from caring onto countless lovers clinging to the fading summer, was too exhausted to bear even me.

"All right, I'll give the sea a break." I thought, turning to leave. However, I was unable to shake off my lingering regret, so I waited until the sun was about to set.

Would an hour be enough?

Finally, as I softly stepped barefoot onto the plush sunset carpet, I realised that gifts don't come one at a time, but in bundles.

Today's sunset was extraordinary. A harmony of colours, created by nature and unlike anything I had ever seen before, wrapped me in its warmth. Layer by layer, it held the promise of tomorrow's resplendent rebirth: first floor, plush purple sand; second, the twilight glow; and third, the warm night of rest returning after a day's work.

How could I possibly capture this feeling?

A mother and son, who were visiting Wolryeongri Beach, stepped into the frame and offered to help. I chose Jacheongbi[56], the goddess of abundance, to

---

56) She is one of the three deities of agriculture on Jeju Island and is

embody the young mother's heart — half worried, half joyful — as she watched her child run towards the sea, seeking comfort in the warm sunset.

However, there were too many potential protagonists in the painting. Everyone wanted to be the main character. Yet I agonised over which character to simplify and how to do so, in order to make the protagonist stand out.

"Someone must become darkness for the rest to become light. Light and shadow, life and death — they coexist and become a painting."

The mother and son reflected in the sunset turned into black silhouettes, and the sandy ground was painted a deep purple. This calmed the painting, which had previously seemed to burn and surge with the sunset. This simplification left room for the viewer to interpret and imagine.

---

also interpreted as a goddess of romance and love within agricultural societies.

Yiho, The Color of That Night

...

As always, that spring, the flowers that had endured the winter burst through the sluggish earth, cheering with their struggle and announcing their bloom with vibrant colours and quiet exclamations.

The painting 'The Colour of That Night', which was started on the day they decided to wear bright clothes that they hadn't been able to wear while fighting off the last of winter, was only finished the following winter. To reach this point, it crossed blooming and fading flowers, and a sea of youth.

Capturing the colours of buildings rippling with the night tide and the natural colours of artificial lighting proved more challenging than anticipated.

As the sunlight faded, the buildings lit up one by one and mirrored perfectly by the sea. I pondered how to capture this fleeting union of artificial and natural light and shadow.

I began by painting the darkest colours to establish the outline, using darker shades within the dark areas for deeper shadows and adding white where more definition was needed.

The water's hue below, reflecting the scent of the inhabited upper town, seemed distinct; yet its colour, shape and position subtly demanded connection with the original.

Nature was an astonishing artist, unconditionally accepting the hue of the water permeated by artificial light and blending into it. Rather than depicting this seemingly effortless yet astonishingly inclusive acceptance as a photograph, I wanted to depict it as a painting.

To depict the gentle ripples, I held the brush sideways and lightly traced them, then dotted tranquil points beside them like islands. To create the vertical wave patterns, I gathered my breath and allowed the white paint to cascade down like dripping water droplets.

Like a surfer waiting for a wave, Yiho's time passed. I once rejoiced in the existence of the underwater world and tried to learn to scuba dive. However, I was unable to descend 30 metres with an oxygen tank, due to vague fear. Eager to ride the waves, I took up surfing instead.

The zest of surfing lies in waiting for the right moment. When a wave rolls in at the perfect speed and height, and I catch it without a single misstep at the precise moment, that's when I make myself most wonderful.

As the last traces of the pink sunset lingered in the sky, the lights of human dwellings began to flicker on one by one, replacing the sun's brilliance. A tranquil night arrived like a gift.

Children come to 'Iho' Beach to find toys, young people come to find love and the elderly come to relive their youth.

Unfinished Words

...

My grandfather moved from a neighbouring village and built three houses on a small hill, where he lived with my father and uncle. Their children built their dreams there, and their grandchildren did too. The years passed like a dream, and the more I look at the houses, the more beautiful they seem.

My parents renovated the house they inherited from my grandfather and left it to their descendants. They raised me and comforted me in the courtyard of my childhood, which was more vibrant and colourful than anywhere else. They passed on the scent of my hometown as an inheritance.

Currently, my dream is to live a resilient and confident life on this land as a Jeju person. If I were to be a little more ambitious, I would open a window to the south to let in the scent of the sea and sunlight, which would play like ever-changing paintings across the room. I would then savour the ever-changing moments of each day. That is my simple yet grand dream.

On my way home from work, I see red traffic lights cascading down towards Hallasan Mountain like rain. After driving non-stop, the lights gave me a chance to slow down, reflect, and take a deep breath.

Cars rushing east and west pass me as I head south and I wait for them to pass, taking a moment to rest.

The traffic lights are falling like rain; now, you flow.

I take a deep breath, preparing to inhale the morning sun tomorrow.